생각하는 노년이 아름답다

동인

책을 펴내며

나무는 어린 묘목보다 고목이 아름답다.
때로는 신비스럽기도 하다.
왜 그럴까. 하늘을 향해 오르기 때문이다.
동물이 늙어서 추해지는 것은 세상을 기어다니기 때문이다.
사람도 마찬가지다.
하지만 사람은 두 다리로 땅을 딛고 있지만
머리는 하늘을 향하고 있다.
우리의 이상이나 소망은 늙었다고
흐려지거나 없어져서는 안된다.
이 세상 사는 동안 그것은 계속돼야 한다.
그것이 하늘을 향한 모습이고 그것이 우리를 아름답게 한다.
아름다우려면 개인이나 사회가 생각을 해야 한다.
스스로 성숙한 생각을 하면 노년은
보람있고 아름답게 보낼 수 있다.
사회가 함께 생각을 하면 고령사회를 그리 겁낼 필요도 없다.
뜨는 해만 아름다운 게 아니라 지는 해도 아름답다.
여기 노년에 관한 개인적인 생각과 사회적인 생각들을
엮어 보았다.

지난 25년간 노인문제를 연구해오면서
이와 관련된 책도 몇 권 썼다.
이 책에서는 그 동안 메모해온 '생각'들과 신문잡지 등에서
다루었던 내용들을 참고하였다.
어느덧 나도 회갑을 넘긴 '노인'이 되었고, 노년세대가 갖는
생각들을 나눠보고 싶기도 해서이다.
노년도 당당하게 살아야 한다.
그렇게 되도록 사회가 함께 생각하고 노력해야 한다.
이 책이 그런 일에 조금이나마 도움이 됐으면 좋겠다.
그 동안 바쁜 생활 속에서도 생각하게 해주신 하나님께
먼저 감사드린다.
또 이 책의 출판을 흔쾌히 맡아준
도서출판 '동인' 이완재 사장께 고마운 마음 전한다.
그것도 아름다운 일이다.

2002년 3월
김 성 순

차례

제1장 여생이 아니라 과정이다

11 • 노년의 의미
16 • 은퇴는 시작이다
21 • 나이가 문제 아니다
25 • 노년과 정치
29 • 유산 물려주지 말자
34 • 장수 비결들
40 • 장수하려면 운동하라
47 • 여자가 남자보다 오래 사는 이유
51 • 웃으면 건강이 와요
56 • 노인 재혼
59 • 황혼 이혼
64 • 잠을 잘 자야
71 • 물을 마시자
76 • 오래 살려면 적게 먹어야
80 • 건강보조식품 과신 말자
83 • 치매를 예방하자
89 • 음악 치료
94 • 색채 환경을 생각하자

제2장 생각하는 노년이 아름답다

고독이라는 병 • 101
여가를 지혜롭게 • 106
스트레스를 이기자 • 112
노인과 비아그라 • 116
죽음은 두려운 것인가 • 121
화장(火葬)이 어때서 • 125
감사할 줄 아는 노년 • 131
봉사하고 싶다 • 134
러브 어게인 • 138
신앙이 장수케 한다 • 141
교회가 나서라 • 144
효(孝)문화 다시 세워야 • 150
생각하는 노년이 아름답다 • 156

제3장 실버쇼크, 사회가 바뀐다

163 • 150살의 장수시대가 오고 있다
167 • 게놈 혁명
171 • 장수는 축복인가
176 • 노인이 맞아 죽는 세상
180 • 노인과 사고
187 • 40대가 쫓겨나가는 판인데
190 • 젊은 노인은 곧 사회적 죽음이다
195 • 노인 빈부격차가 심화된다
200 • 연금재정 문제없나
205 • 노인을 웃음꺼리로 만드는 TV프로
208 • 노인건강 대책 시급하다
213 • 노인보건법을 만들자
219 • 노인복지법 개정해야
229 • 노인파워시대가 오고 있다

제1장 여생이 아니라 과정이다

노년의 의미

늙은 사람을 일컫는 호칭에 대하여 우리 나라에서는 '노인'이라는 말 이외에 별반 특별한 것이 없었으나, 요즈음엔 '어르신'이라는 높임말을 사용하기도 한다.

노인과 '노년'은 그 의미가 다르다. 흔히 구분하지 않고 사용하고 있고 그래도 무방하기는 하다. 그러나 엄밀한 의미에서 노인은 사람이 어느 시점에서 늙어진 상태이다. 이에 비해 노년이라 함은 계속되는 과정을 나타낸다. 그래서 늙음의 기간을 중시하는 개념이라고 할 수 있다.

외국에서도 노인 또는 노년에 대한 호칭은 여러 가지로 불려지고 있다.

프랑스에서는 회갑잔치 같은 것은 따로 없지만 60회 생일을 지나면 '제3세대층'이라고 불린다. 노년이란 말의 어두운 이미지를 피하고 새로운 세대의 연령층으로 다시 시작한다는 적극적인 의미가 함축되어 있다.

미국에서는 65세가 지나야 노인으로 인정받게 된다. 노인들을 존경하고 우대한다는 뜻으로 '선배시민'(Senior Citizen)이라고 흔히 부르며, '황금의 연령층'(Golden Ages), '우리의 연장자'(Our Elders)라고도 한다.

스위스 특히 알프스 지역에서는 60세 이후의 노년을 '빨간 스웨터'라고 부른다. 60회째의 생일에 장수를 기원하는 가족들이 손수 짠 빨간 양털 스웨터를 선물하는 관습에서 생겨난 재미있는 호칭이다. 흔히 빨간 옷을 입으면 젊어 보여서인지 호칭 자체에서부터 생기가 돋아나는 느낌이 든다.

일본에서는 흔히 50대를 중년, 60대 이후를 노년이라고 하는데 고령화 시대에 맞지 않는 호칭이라는 국민의 여론을 들며 50~60대를 통틀어 실년(實年)이라고 부른다. 하지만 몇 년 전부터는 '실버'(Silver)라는 말을 더 즐겨 쓰고 있다.

나이가 들면 은발, 백발이 되는 것에 착안하여 붙인 듯 한데 아무래도 늙음을 직접적으로 연상하게 만드는 호칭이다. 일본 기차의 노인석에 붙여진 이후 흔하게 쓰여지고 있으며, 최근에는 우리나라에서도 실버산업, 실버용품 등 노인과 관련된 분야에 널리 사용된다.

또한 중국 고전에서는 50~60대를 잘잘못을 깨치는 연배라 하여 '지비'(知非), 세상살이에 귀가 트인다고 하여 '이순'(耳順), 들어앉아 손가락질만 한다고 하여 '지사'(指使)라고 불렀다. 모두 늙은 사람의 특징을 살려낸 호칭들이다.

논어(論語)에 보면 마흔이 되어야 세상살이에 불혹(不惑)하게 되고 쉰에 이르러 천명(天命)을 알게 되며, 예순이 되어야 옳고 그른 말을 가릴 수 있고, 일흔에 이르면 생각나는 대로 행동하더라도 법도(法度)에 어긋나지 않게 된다고 했다. 확실히 사람은 나이를 먹으면서 사리를 분별하게 되고 진정한 '사람'이 되어 가는 것이다.

　그런 이유로 중국에서는 나이가 오십세에 이르면 한국의 회갑처럼 성대하게 생일잔치를 했고, 출세한 관리나 돈을 많이 번 상인의 경우에는 마흔 살에도 큰 잔치를 치렀다. 나이 예순이면 세상어른으로서 큰 축하를 받았다. 물론 이렇게 노인을 존경하는 중국인들의 풍토도 혁명을 거치면서 많이 달라졌다. 최근 사회개방과 서구화의 물결로 경로사상과 노인의 사회적 지위가 급속히 붕괴되고 있기 때문이다.

　평균수명이 높아지고 노령인구가 급속하게 증가하면서 노인의 개념도 수정하지 않으면 안되게 되었다. 금세기 안에 인간수명이 20년 가량 늘어나고 90세 이상 사는 것이 일반화되면 노인 또는 노년의 개념도 크게 바뀌게 될 것이다. 지금도 60세를 기념하는 잔치를 치르는 것이 좀 쑥스럽지 않느냐는 생각을 하는 사람들이 많다. 조만간 예순 살 정도는 젊은이 취급을 받을 날도 멀지 않았다.

　나이를 먹은 기간 즉 노년이 길다는 것은 본인뿐만 아니라 사회적으로도 그 의미가 깊다. 나이를 먹는다는 것은 성취한다는 의미와 깨달음과 무르익음을 의미한다. 그런 뜻에서 50대를 숙년(熟年), 60대를 장년(長年) 그리고 70대 이상을 존년(尊年)이라고 부르는 것이 좋다는 얘기도 있다.

　우리말 가운데 '어른'이라는 호칭은 음미할수록 의미 깊은 표현이다. 단순히 나이를 많이 먹었다는 것이 아니라 인격이 쌓여 남에게 수범이 되고 오랜 경륜과 사리분별로 다른 사람들로부터 존경을 받을만하다는 의미가 함축돼 있다. 그래서 '어른스럽다'고 하면 믿음직스럽다거나 듬직하다는 느낌을 주는 것이다.

　또한 '어른 말 들으면 자다가도 떡이 생긴다'는 속담은 어른이 시키는대로 하면 실수가 없고 여러 가지 득이 있다는 뜻이다. 아무리 지식이 풍부하고 판단력이 좋아도 나이가 적으면 어른이라고 부르지 않는다. 그만큼 어른이라는 말은 지내온 경륜을 중요시하는 호칭이다. 이러한 호칭은 아무리 빨라도 나이 오십 세는 넘어야 붙일 수 있으며 대체로 육십 세가 지나서야 얻게 되는 사회적 존칭어이다. 한편 그냥 나이만을 기준으로 해서는 육십 세가 지나면 노인이라고 부른다. 법적으로는 65세 이상이 되어야 노인이라고 할 수 있다.

어른 가운데에서도 특히 사회적 지도급에 있는 인사들을 우리는 원로(元老)라고 부른다. 이 사회에 그냥 노인이 많아지는 것보다 '원로'가 많아지는 것이 바람직하다. 원로는 자신이나 집단의 이익보다 국가나 사회의 이익을 중시한다. 그의 말이 어떤 강제성이나 구속력이 있는 명령은 아니지만 권위와 무게가 있는 충고는 젊은 이들로 하여금 받아들이지 않을 수 없게 하는 힘을 가지고 있다.

그러나 요즘 들어 우리 사회에서 원로가 점점 사라져 가고 있다. 아니 사라져 가고 있는 것이 아니라 사회가 외면하고 무시하고 있는 것이다. 어른의 말을 듣기는커녕 나이가 들었다는 이유로 해서 그로부터 나오는 옳은 말도 듣기 싫어하는 세태다. 아무리 인재라고 해도 늙으면 마구 끌어내리는 것이 지금의 사회다.

물론 노인 스스로도 고쳐야 할 점이 많이 있다. 나이가 들어도 이 복잡한 사회생활에 뒤지지 않으려면 꾸준히 자기개발을 위해 노력하는 자세가 필요하다.

사람이 태어나서 인격이 형성되는 20년이 가장 중요한 시기라면 육십 세에 은퇴한 후 남는 20여 년도 중요하다. 그 기간은 있어도 그만 없어도 그만인 '여생'(餘生)이 아니다. 그것은 인생주기의 한 '과정'이다.

노인을 일컫는 호칭도 중요하지만 노년세대가 가지는 문화가 어떠한가라고 하는 것과 개개의 노인이 과연 장년이나 존년(尊年)으로서 사회의 모범이 되고 젊은이들로 하여금 따르고 존경할 수 있는 마음과 행동을 하고 있느냐가 더욱 중요하다.

한 시대를 사는 노년세대가 이 같은 문화를 가질 수 있다면 노인이라는 호칭도 그저 늙어서 쓸모 없는 존재라는 이미지로 인식되진 않을 것이다.

은퇴는 시작이다

미국의 클린턴은 대통령직에서 물러난 뒤 은퇴후의 생활을 어떻게 할 것인가에 대한 고민을 많이 했다고 한다. 그 결과 지미 카터 대통령의 은퇴 후 활동이 가장 훌륭하다고 생각했고, 자신의 고향인 아칸소주 리틀록에 '클린턴 센터'를 통해 카터와 같은 인기와 왕성한 활동을 꿈꾸고 있다고 한다.

1981년 재선에 실패한 카터는 56세의 나이로 은퇴했다. 그러나 한창 일할 나이에 대통령직에서 물러나고 유유자적할 수는 없었다. 그는 스스로에게 "인생이란 점점 확대되는 것이지 결코 축소되는 것이 아니다"라고 다짐하며 '포스트 프레지던트'의 할 일을 찾았다. 그의 대통령직 퇴임 후 20년은 은퇴라고 하기엔 너무 활동적이다.

작게는 교회의 잔디를 깎는 봉사에서부터 집 없는 사람들에게 집을 지어 주는 세계적 조직에서 '목수 봉사'사업을 벌이는가 하면 국제 문제에 뛰어 들어 분쟁을 조정하는 등 평화의 일꾼으로서 훌륭한 일을 해내고 있다. 특히 우리 나라 남북 문제에 있어서도 직접 북한을 방문하여 화해의 필요성을 역설하여 닫혀 있던 북한의

문을 조금씩 열게 하는 데도 큰 역할을 했다.

그런가 하면 그는 62세에 스키를 시작했고 64세에 킬리만자로에 올랐으며 70세에 후지산 정상을 올랐다. 재작년에 뉴욕타임스가 그의 특집을 내면서 "인생에서 최고의 해는 언제였나"라고 묻자 당시 75세였던 그는 "지금이오"라고 대답했다고 한다. 그는 지금도 고향에서 정치학과 사회복지학을 강의하고 있으며 주변의 무슨 일에든지 봉사에 나선다.

퇴임 후에 더욱 빛나는 전직대통령, 늙어가면서 더욱 위대해진 한 노인 카터의 모습을 보면서 노쇠는 어쩔 수 없지만 늙음으로써 더욱 원숙해지는 인간의 섭리를 깨닫게 된다. 한편 역대 우리 나라 대통령들의 은퇴 후의 모습과 비교가 되기도 한다.

1970년대에 들어오면서부터 미국 등지에서는 고령자 노동력을 '뚜껑을 따지 않은 자원'(untapped resources)으로 보고 이 부문의 인력자원 개발을 위하여 다각적인 노력을 기울이고 있다. 그 결과 최근 미국 사회에서는 고령의 근로자들을 부담스러운 존재로 보기보다는 하나의 자산으로 평가하게 되었다.

젊은이에 비해 능력이 뒤떨어지는 측면도 있지만, 그들 중 많은 비율은 정신적으로나 신체적으로 건강하고, 고등교육자로서 아직도 학습을 계속 하고 있을 뿐만 아니라 새로운 것을 배울 능력이 있으므로 고령자집단을 기술, 숙련, 경험 등으로 가득 찬 보고로 간주하는 것이다. 특히 최근·정치·경제·학문·예술·종교 등 각계에서 70대, 80대의 노년들이 여전히 제1선에서 활약하고 있는 것을 본다. 이 같은 사실은 국민 전체 수명의 연장덕분이기도 하지만, 인간의 여러 가지 기능이 연령과 함께 일률적으로 저하되지 않고 비교적 오래 보존되고 있음을 말해준다.

연령과 업적의 상관관계를 조사한 연구결과를 살펴보면 대체적으로 나이보다는 개인적인 차이가 영향을 미친다고 보고하고 있다. 실제로 만년에 위대한 업적을 남긴 분들이 많다.

사르트르, 미셸푸코, 롤랑바르트 등 20세기를 대표하는 지성을 비롯하여 금세기 최고의 사상가이며 인류학자이자 동시에 철학자인 프랑스의 레비스트로스는 1993년 85세의 나이에 『바라보기, 듣기 그리고 읽기』라는 책을 펴내 화제가 되기도 했다.

올해 67세의 미국 심리학 교수 짐로는 400미터를 58.79초에 주파하여 65~69세 부문의 세계 최고 기록을 보유하고 있다. 그는 지금도 100미터를 12.71초에 달린다.

일본이 낳은 동양사학의 대가인 미야자키 이치사다는 90세의 나이에 중국 역대왕조에 관한 스물 네권의 대역서를 발간, 세상을 놀라게 하기도 했다. 뷔퐁(Buffion, 1707~88)이 명저 『박물학』을 저술한 연령은 81세였고, 험본도(Hmbondo)가 『우주(宇宙)』라는 책을 쓴 것은 89세였다. 박물학자인 라마르크(Lamarck, 1744~1829)가 최후에 저술을 한 연령은 60세경이었다. 위고가 『레미제라블』을 저술한 것도 60세, 괴테는 76세의 고령으로 『파우스트』를 쓰기 시작하여 완성한 것은 그가 사망한 해인 82세였다.

우리 나라의 박종화, 이병도 등 많은 분들이 여든의 고령 이후에도 저작·연구 활동을 하였다. 이렇듯 찾아보면 노년이라 해도 풍부한 경험과 깊은 지식 그리고 성숙한 방법론으로 청장년들이 도저히 따를 수 없는 경지에 도달한 분들이 많다.

공부를 많이 했거나 사회지도층이 아니더라도 평범한 시민역시 나이 들어 왕성한 활동을 하는 것에는 예외가 없다.

스스로가 의욕을 가지고 실행해 나가면 누구나 목표를 이룰 수 있고 보람을 찾을 수 있다.

미국의 흑인 조지 도슨은 글을 읽지도 쓰지도 못했으나 98세가 되던 해 성인을 위한 초등학교 과정에 들어가 글을 배워서 102세 되던 해에 그의 어릴 적 얘기를 담은 『인생은 너무나 좋은 것』이란 책을 써서 화제가 됐다. 도슨의 자녀들은 그가 해군으로 한국전과 베트남전에 참전해 편지를 한 통도 보내지 않을 때까지 아버지가 문맹이라는 사실을 전혀 몰랐다고 한다.

우리나라에서는 초등학교 때 사고로 척추를 다쳐 5급 장애 판정을 받은 68세의 이희재씨가 잠실선착장에서 동작대교에 이르는 11.3㎞의 난코스를 헤엄쳐 건너가 화제가 된 적도 있다. "육체적으로나 정신적으로 약해질 수 있는 노인이나 장애인들에게 누구든지 할 수 있다는 희망을 보여주고 싶다"는 이 노인의 말이 힘과 의욕을 돋군다.

"일하는 것이 노후건강의 비결"이라며 86세 고령에도 불구하고 하루도 쉬지 않고 병원 진료에 나서고 있는 한영빈 박사라든가, 발명은 과거형이 아니라 진행형이라며 79세 나이에도 연구에 열중하고 계신 '할아버지 발명가' 박술갑씨도 왕성한 활동가이다.

물론 이런 경우는 특이한 예이고 사람의 특성에 따라 다르므로 모든 노년층에게 해당하는 것은 아니라고 볼 수도 있다. 그러나 늙었다해도 가능한 한 움직이고 생각할 수 있는 여건을 마련해주면 그러한 노인들이 많이 나올 수 있을 것이다.

따라서 정부뿐만이 아니라 지방자치단체나 혹은 교육기관, 사회단체 같은 데서 프로그램을 만들어 지원하면 우리의 노인문화는 크게 달라질 수가 있다.

사회에서는 늙었으니 물러가라고 천덕꾸러기 취급을 하고 있지만 한국의 노인들도 스스로는 다 할 일이 있고 하고 싶은 마음과 능력까지 갖추고 있다.

　미국은 65세 이상 된 노인인구가 전체 인구의 13%인 3,300만 명인데, 최근 몇 년 동안 노년의 개념이 완전히 바뀌고 있다. 흔들 의자에 앉아 파이프나 물고 한가하게 소일하고 골프나 치다가 끝나는 그런 인생이 아니다. 대체로 건강하며 상당한 수준의 일을 할 수 있고 정신적으로 젊고 의욕적이다. 그리고 경제적으로 여유가 있어 그냥 놀고 지내기에는 아깝다고 생각하고 있다.

　그래서 노스캐롤라이나대학에서는 65세 이상 된 노인들을 위해 '창조적 은퇴를 위한 센터'라는 기관을 설립 운영하고 있다. 이 센터에는 세 개의 기구가 있는데 하나는 학점은 없으나 노인들이 무엇이나 공부할 수 있는 기구이며, 둘째는 세대간 학습아카데미로 노인들이 강사가 되어 젊은이들에게 경험과 지식을 가르친다. 셋째는 지역사회를 위한 봉사활동과정이다.

　이처럼 사회시스템이 전반적으로 바뀌어 교육제도차원에서 재교육, 봉사활동 등의 기회를 부여한다면 엄청난 사회적 생산인력이 될 수 있고 본인들로서는 보람있는 노후를 보낼 수 있는 기회가 될 것이다.

　영국속담에 "서 있는 농부가 앉아 있는 왕보다 낫다"는 말이 있다. 다르게 말한다면 "서 있는 노인이 앉아 있는 청년보다 낫다"는 뜻도 될 것이다.

　나이가 들면 은퇴하는 것이 사회제도니까 은퇴하는 것 뿐이다. 은퇴하는 것이 곧 인생을 은퇴하는 것은 아니다. 아니 인생을 멋지게 다시 시작하기 위해 은퇴하는 것이다. 인생은 세월을 허송해도 좋을 만큼 긴 것이 아니다. 늘 새로운 시작이 우리를 새롭게 한다.

나이가 문제 아니다

일반적으로 근로자의 업무능률에 영향을 미치는 요인 중에는 작업환경 등의 객관적인 조건과 작업자의 체력, 지능, 정서적 안정, 책임감, 업무의욕, 업무경험 등 여러 가지가 있다.

이러한 요인들 중 체력과 같은 것은 일정한 나이가 지나면 급속히 저하되기도 하지만, 업무경험과 같은 것은 연륜에 비례해서 오히려 그 깊이를 더해 가기도 한다. 즉 작업의 종류에 따라서 체력을 더 필요로 하는 것이 있는가 하면, 반대로 경험을 더 필요로 하는 것도 있게 된다. 따라서 고령화와 작업능률의 문제를 일률적으로 말하기는 어렵다.

노령화와 체력간의 관계에 관한 연구를 보면 체력의 절대치는 보통 20대를 고비로 해서 감소되지만 65세가 넘어도 일상생활에 필요한 체력은 충분히 유지하고 있는 경우가 대부분이라는 점이 밝혀지고 있다. 그러므로 심한 육체노동과 순발력이나 기민한 반응 등을 필요로 하는 작업에는 나이 많은 사람들이 높은 능률을 내기가 어렵겠지만, 반복성이 강한 작업이나 폭넓은 경험적 지식을 토대로 하고, 신중한 판단을 요하는 업무에는 소위 기능연령이 높은 사람이 작업의 질적·양적 능률이 더 높을 것이라는 점에는 큰 이의가 없다.

일본의 교토 의과대학의 야마다 히로시 교수는 사람에게는 두 가지 연령 즉, 호적연령과 기능연령이 있는데 양자간에는 나이에 따라 각각 다른 차이가 나타난다고 했다.

예컨대 호적연령이 45세일 때에는 기능 연령이 39세부터 51세로 12년 간격이 나타나게 되며, 55세일 때는 48세에서 62세, 그리고 65세일 때에는 57세부터 73세로 차이가 난다고 한다.

호적연령이 75세인 경우 기능연령은 66세부터 84세까지로 그 차이는 무려 18년이나 되는데 이는 같은 75세의 사람이라 하더라도 66세의 정정한 육체를 갖는 사람이 있는가 하면, 84세의 늙은 육체를 가진 사람도 있다는 것을 의미한다. 즉 호적상으로 높은 연령이라 해도 자신의 마음먹기에 따라서 실제 나이보다 훨씬 젊은 육체를 유지할 수 있다는 것이다.

최근의 각종 보고서는 일반의 막연한 인식과는 달리 적어도 60세 전후까지는 업무 수행능력이 크게 떨어지지 않는다는 결과를 보여주고 있다.

미국 펜실베니아대학의 윌리스 교수팀의 연구에 의하면 언어 이해능력, 언어 구사능력, 추론 능력은 60대 초반까지 젊을 때와 유사하게 유지되고, 다만 숫자 감각만이 40대 초반부터 현저하게 떨어진다는 것이었다.

영국 캠브리지대학의 웰포드 교수팀도 『노령과 인간숙련에 관한 보고서』에서 운동능력은 나이가 들어감에 따라 감퇴하나, 정확도는 유지되므로 시간제한이 없는 직종에서는 고령자에게 유리하다고 한다. 시각의 감퇴는 촉각과 지각으로 보완할 수 있고, 높은 수준의 지식이나 경험을 요하는 작업은 고령자의 고도의 판단력이 유용할 때가 많다고 발표했다. 학습적응능력의 감퇴는 나이가 들어도 매우 미미하기 때문이다.

고령자의 작업수행능력을 뒷받침하는 이 같은 연구결과는 이밖에도 많이 있다. 특히 지적능력은 나이가 늘어감에 따라 크게 감소하지는 않는다는 것에 주목할 필요가 있다. 즉, 나이가 들어감에 따라 변하는 지적능력에 관한 조사에 의하면 지능발달의 약 50%가 임신에서부터 4세까지, 30%의 발달이 4세에서 8세까지, 그리고 나머지 20%의 발달이 8세에서 17세 사이에 이루어진다고 한다. 이렇게 발달한 지능은 25세 경까지 지속되다가 그 후 서서히 저하되고 50세에서 10%, 60세에서 20%, 70세에서 30%정도 떨어진다고 한다.

그러나 직업에 따라 지능의 감퇴현상은 다른 결과로 나타날 수 있다. 즉, 지적활동분야에 종사하는 사람과 신체활동분야에 종사하는 사람들과는 많은 차이가 나타난다. 정신활동의 경우는 고령에도 큰 지장 없이 업무를 계속할 수 있다. 구미의 저명인사 400명에 대하여 노년의 정신활동의 정지연령을 조사한 돌랜드(N.Dorland)의 조사결과에 의하면 지적활동분야 종사자의 평균 사업정지 연령은 66.7세였다.

스포츠 선수는 20대, 문학자·음악가·과학자들이 업적을 갖는 것은 30대이다. 발명, 발견, 예술작품을 창조하는 사람들의 경우는 최초 25세에 이루어지며-물론 예외도 있다-최고의 생산성을 나타내는 것은 그 후 10년 즈음이다. 문학자 역시 두각을 나타내는 연령은 20대이며, 소설가가 대작을 쓰는 최적의 연령은 40~45세가 되어서이다. 사회적 지도성이나 관리 및 행정적인 두각을 나타내는 것도 고령이 되어서이다.

고령이 곧 능력의 상실을 뜻하는 대명사는 결코 아니다. 우리 주위에서 고령에 큰 업적을 남기는 분들을 적지 않게 볼 수 있다. 오히려 풍부한 경험과 깊은 지식, 그리고 성숙한 방법으로 청장년들이 도저히 따를 수 없는 경지에 도달한 분들이 많다.

이때 본인의 노력도 필요하지만 사회가 이들의 지식의 보고를 어떻게 활용하고 환경을 조성해 주느냐 하는 것이 더욱 중요하다. 그리고 이와 같은 일은 공부를 많이 하고 전문지식을 갖춘 노인에게만 해당되는 것은 아니다.

따라서 모든 노인들이 자기에게 알맞은 일을 찾아 더 배우고 노력하며 사회가 이들을 지원해 준다면 고령인력은 매우 유용하다는 점을 강조하고 싶다.

55세 이상 고령자의 심신특성

- 감각기능과 평형기능, 병에 대한 저항력 및 회복력과 소화흡수기능이 저하된다.
- 글씨 쓰는 속도와 운동조절능력이 저하된다.
- 다리근력과 어깨근육의 움직임이 저하되나 손과 팔의 힘이 크게 줄지는 않는다.
- 기억과 학습능력이 뒤떨어지나 분석과 판단능력, 계산능력은 젊은이와 비교하여 그리 크게 떨어지지 않는다.

노년과 정치

미국 상원의원은 백 명이다. 그 중에 사십 세 이하는 단 한 명도 없다. 고령자라고 할 수 있는 66세 이상이 스물 아홉 명이고 71세 이상도 열 두 명이나 된다. 사백 사십 명의 하원의원들도 66세 이상이 예순 한 명이고 71세 이상은 스물 다섯 명이다. 일본의 중의원들은 2000년 현재 오백 명 중 66세 이상이 139명이고 71세 이상은 79명에 이른다.

반면 우리 나라 16대 국회의원 273명 중 만 칠십 세 이상은 2002년 현재 여덟 명 뿐이다. 김종필 의원이 76세로 가장 고령이고 그 다음이 74세의 신영균 의원이다. 16대 국회가 개원한 2000년에는 만 칠십 세 이상이 네 명에 불과했다. 15대 때는 일흔이 넘는 고령자가 열 두 명이었다. 16대 총선에서 '바꿔' 열풍이 불어 젊은 세대들이 대거 당선되었는데 아마 그 대상에 고령자들이 애꿎게 들어갔나 보다.

생각해보면 우리 국회는 별로 늙은 국회가 아니다. 젊은 세대들로 이뤄졌음에도 여전히 국민들로부터 따가운 눈총을 받는 것은 바꿔야 할 것이 정치인들의 나이가 아니라 '구태'라고 여겨진다. 더불어 노정치인은 구정치인이요, 구정치인은 모두 구태라는 인식도 잘못일 수 있다. 여야가 그악스럽게 싸울 때면 원로 정치인들의 역할이 더 컸으면 하는 생각도 해 본다.

시대가 변하니 할 수 없다. 나이가 문제가 아니라고 해도, 늙어도 얼마든지 일할 수 있다고 해도, 경험과 지식과 경륜이 중요하다고 해도 소용없다. 그래서 영국도 일본도 젊은 수상이 나오고 비교적 늙었다는 중국도 사회활동 중추계층이 전반적으로 젊어지고 있다.

그 덕분에 주눅이 들어서인지 나이든 의원들은 '점잖게' 뒷전에 물러서 있고 우리 국회는 거의 40~50대의 젊은 의원들이 주도한다. 싸움에도 앞장서고 각종 발언을 독점하다시피 한다. 당직에도 젊은 사람들이 많이 기용된다. 역동적이고 좋은 일이다.

그런데 정치판이 계속 죽을 쑤는 것을 보면 그렇지도 않은 모양이다. 국회가 중심을 잡고 국민들에게 신뢰감을 주고 제대로 된 정책을 만들자면 나이든 사람들의 소리도 좀 들어야 한다. 또 고령층 의원들도 스스로 소리를 내고 젊은 사람들의 잘못을 바로 잡아 주도록 노력해야 한다. 국회에서 늙었다는 것은 전혀 문제가 안된다. 노소가 함께 조화되어 균형을 찾으면 문제를 원만히 해결할 수 있고 더욱 좋은 법과 제도를 만들 수 있다.

1951년 영국 총선에서 보수당이 승리했을 때 수상이 된 처칠은 76세였다. 1984년 미국의 대통령 선거 당시 민주당의 먼데일 후보와의 TV토론에서 자신의 고령을 꼬집자 "정치적 목적을 위해 상대방의 젊음과 미경험을 이용할 생각은 없다"고 말해 미국 국민들을 환호케 했던 레이건도 당시 나이 73세였다.

스트럼 서먼드 미국 상원의원은 2001년에 꼭 백 세가 되었다. 2000년 12월 5일에 99회 생일을 맞아 발표한 성명에서 그는 "의정활동을 만끽하고 있으며 백 세가 되는 해에 유종의 미를 거두고 싶다"고 은퇴계획을 밝혔다.

일본 중의원의 최고령자는 자민당 소속의 하라겐 자부로 의원으로 95세다. 또 영국의 밸포어 의원은 55년간 연속해서 의원을 지냈다. 여든을 맞은 1927년 생일에 상하 양원 의원들이 그가 좋아하는 자동차를 선물하면서 처칠의 선창으로 '밸포어 만세'를 외치는 가운데 자동차에 올라 의사당을 마지막으로 떠났다고 한다. 늙었다는 것은 한편 멋진 일이다.

우리 국회에도 의정의 전통을 쌓아갈 다선 의원들이 줄을 이어야 한다. 무조건 '바꿔 바꿔'하는 인식도 바뀌어야 한다.

최고령이 76세라고 해봤자 실은 그리 많은 것도 아니다. 김대중 대통령은 여든을 바라보는 나이임에도 경제·외교·사회·문화 등 각분야에서 젊은 사람 못지 않은 훌륭한 국정을 수행하고 있어 국내뿐만 아니라 국제적으로도 높게 평가받고 있다. 나이가 많아도 얼마든지 움직이고 생각하고 판단하고 인재를 거느릴 수 있다.

16대 국회의원으로써 당대표직을 훌륭하게 수행하던 당시 서영훈의원은 현재 대한적십자사 총재로서 젊은이 못지 않은 왕성한 활동을 하고 있다.

이만섭 국회의장은 올해 만 일흔 세의 젊은(?) 고령이지만 여전히 젊은이 못지 않다. 기억력과 판단력이 뛰어나고 정의롭고 소신 있는, 훌륭한 정치인이다. 한밤 중 여야가 고함치며 싸우고 있을 때 느닷없이 "의장은 의원들의 건강도 생각해야 하니까 이만 산회를 선포합니다"라고 끝낸 일이 있다. 참으로 멋진 리더십이다. 그의 말 앞에 어느 의원이 이의를 제기하랴.

정치에도 멋이 있어야 한다. 우리 정치에 멋이 없으니까 이렇게 삭막하고 숨이 막힌다.

국회에는 수많은 공식 비공식 의원 단체들이 있다. 그 가운데 비슷한 노년 의원들끼리 모이는 단체는 없다. 그런 모임도 만들어 젊은 의원들 활동이나 생각을 도와주고 때로는 조언과 충고를 해 준다면 참으로 좋을 것이다. 그리고 멋질 것이다.

유산 물려주지 말자

유산을 자식에게 물려주지 말자고 하니 마치 늙은 욕심꾸러기 같은 생각이 들기도 한다. 소 팔고 논 팔아 자식 공부시키고 결혼시킨 후 그나마 있는 것 몽땅 내주고 얹혀 사는 우리 나라 노인들의 분위기에 맞지 않는 말이다.

그러나 이제 많이 달라지고 있다. 요즈음 노인들은 능력이 있다. 경제적으로 그렇고 사고 방식에서도 적극적이고 합리적이다. 사회 제도나 풍습도 많이 바뀌고 되도록이면 자기 자신의 삶을 스스로 살아가려고 노력한다.

옛날에 비해 평균수명이 크게 늘어나고 그에 따라 노후활동의 폭이 넓어지고 장년층이나 청년이나 간에 의식구조가 변하고 있다. 그리고 지금의 오십대 이후의 장년들 가운데 살아 생전 모든 것을 자녀에게 맡기고 노후생활을 의지하려는 생각을 가진 사람들은 그리 많지 않다. 젊었을 때 열심히 일했으니 재산도 축적되고, 이를 바탕으로 계속 재산을 늘려 가는 노인들도 많이 있다. 호텔 같은 고급 실버 주택에서 호화롭게 만년을 보내는 노인들도 계속 늘어난다.

원래 노년기에 접어들게 되면 모든 재산을 자식들에게 물려주고 자신은 돈걱정, 살림걱정에서 벗어나 홀가분하게 노후생활을 즐기고자 했던 것이 우리네의 전통적인 습관이었다. 자식들에게 분배한 재산은 아직은 '내 것'일 수 있고, 최소한 '우리 것'임에 틀림없다는 의식이 자리하고 있었기 때문이다.

그러나 많든 적든 부모로부터 재산을 물려받은 자식들의 생각이 부모들과 똑같을 수는 없다. 부모가 돈을 쓸 때 '내 돈 내가 쓴다'고 생각할 수도 있지만 자식의 입장에서는 노인네가 쓸데없이 낭비한다고 생각할 수 있고, 그렇게까지는 아니라해도 적어도 지출의 우선 순위에서 노인은 밀려날 것만은 틀림없다. 부모와 자식간에 소원해지는 까닭을 비단 돈 문제로만 국한시킬 수는 없겠으나 적어도 부모를 모신다는 의미가 경제적인 측면과 깊이 얽혀 있다는 점에서 노후의 경제적 독립문제는 매우 중요한 것이다.

따라서 예전처럼 가지고 있는 재산 다 털어 자식에게 물려주고 자식에게 얹혀 살겠다는 생각은 잘못된 생각이다. 그리고 자신의 노후대책이 아니더라도 자식이 힘 안들이고 많은 재산을 물려받는 경우 그것이 개인적으로나 사회적으로 과연 바람직한 것이냐 하는 점도 생각해 봐야 하기 때문이다.

중국의 사마염(司馬炎)은 자식들에게 물려줄 참된 유산은 생애를 올바르고 힘차게 살아갈 수 있는 힘을 은연중에 키워주는 것이라 했다. 즉 돈을 모아서 물려주는 것보다 참된 정신을 유산으로 물려주는 것만이 자식들이 평생동안 파멸되지 않고 성공적으로 살아갈 수 있는 힘이 된다고 하였다.

하지만 말이 쉬워 그렇지 자식한테 유산을 남겨주지 않기란 보통 어려운 일이 아니다. 사회에 유산 상속이라는 제도가 없다고 가정해 보자. 그러면 사람의 한평생이 얼마나 많은 괴로움에서 해방되는지 금방 알 수 있다. 그만큼 유산 상속은 인간의 역사 속에 깊이 뿌리를 내리고 복잡하게 얽힌 습속이다.

그런데 1999년 한국보건사회연구원의 조사에 의하면 우리 나라 65세의 노인 절반이상이 "생전에 재산을 자식에게 안 물려준다"고 대답했다 한다. 또한 얼마 전부터 유산 안 물려주기 운동이 사회일각에서 일어나고 있고 점차 유산에 대한 새로운 인식이 싹트고 있다. 비록 내가 모은 재산이라 해도 내 마음대로만 쓰여져서는 안된다는 생각과 노인 스스로가 자식에게 매달리는 것보다는 독립해야겠다는 의식, 그리고 재산의 사회적 가치가 점차 보편화되어가고 있다는 증거이기도 하다.

지난 1984년 4월 몇몇 기독교도 실업인들이 중심이 되어 만든 '유산 남기지 않기 운동'이 1990년대에 들어오면서 일반에게 조금씩 알려져 호응을 얻고 있다.

강제적인 규약은 없지만 이 운동은 유산을 남기지 않는 방법으로 매년 초 새로 유서를 작성한다. 유서에는 모든 동산, 부동산 내역과 함께 가족들을 위한 적정한 상속분을 제외한 나머지 재산을 특정한 방법과 절차로 사회에 환원하겠다는 내용을 명시하고 있다. 그리고 이 운동을 주위사람들에게 권한다는 강령을 채택하고 있다.

또한 재산의 얼마를 어떤 방법으로 사회에 되돌릴 것인지는 각자의 양심과 판단에 맡긴다. 하지만 기독교 정신에 입각해 사회정의를 실천하자는 목적으로 전 재산의 70% 정도를 사회에 환원하는 것을 불문율로 삼고 있다고 한다.

'빈곤 퇴치를 위한 유산 기증과 유서 쓰기 운동'을 벌이고 있는 노정선 소장은 유산의 1%씩만 모여도 사회가 바뀔 수 있다는 신념으로 유산 사회환원운동을 전개하고 있다. 이 운동도 사회적으

로 기증문화를 정착시키기 위해 주로 종교인들이 중심이 되고 있
다.

물론 평생 힘들여 쌓아온 부를 선뜻 포기한다는 것은 결코 쉬운
일이 아니다. 그러나 사회 전반적으로 부의 부당한 승계와 이에 따
른 빈부격차의 심화가 크게 대두되고 있어 이러한 문제를 개인의
선의에 맡겨 해결되기를 기다릴 수는 없는 일이다. 그래서 이 같은
모임이 뜻 있는 이들에게 호응을 얻고 확산되어 가는 것 같다.

선진국에서는 유산기증이란 아주 자연스러운 일이다. 사회를 굳
건하게 받쳐주는 힘이 되는 민간차원의 대표적인 재정기초이기도
하다.

지나치게 많은 재산을 물려받아 흥청망청 지내는 재벌2세들이나
할 일 없이 놀러 다니며 소일하는 젊은이들은 그들의 부모로부터
재산은 물려받았을지 모르나, 생각할 줄 아는 방법은 모른 채 살아
간다고 생각할 때 유산을 개인적 부의 축적수단으로만 아는 우리
들의 잘못된 인식이 하루 빨리 바뀌어 졌으면 하는 생각이 든다.

이 뿐만 아니라 노년층의 소비와 관련하여 퍽 걱정스러운 일이
일부에서 벌어지고 있다. 금융실명제가 실시된 후 노년층의 과소
비 행각이 심해지고 있는 것이다. 실명제 실시로 재산의 대물림이
어려워졌고 여기에 재산공개의 충격까지 겹쳐 '있는 돈 신나게 써
보자'는 잘못 된 풍조가 만연해졌다. 이 바람에 돈 많은 노년층 사
회에서는 고급 승용차나 고급 장신구 구입 붐이 일고, 호화 해외관
광이 일반화되었다. 세금으로 빼앗길 바에야 자신이 번 돈으로 죽
기 전에 한번 마음껏 즐겨보겠다는 마음에서인가 보다.

하기야 지금 우리 사회의 60대 이상 계층은 정말 개미처럼 살아
온 인생들이다. 먹을 것 제대로 먹지 않고 입을 것 한번 제대로 입
어보지 못한 채 오직 부를 쌓기에만 여념이 없이 살아왔다. 그같이

살아온 인생들이니 실명제로 인한 충격도 크고 허탈감에 빠질 수도 있다. 더구나 아직은 이들 노년층을 위한 사회복지정책도 미흡해 반발심리도 가질 수 있다. 그러나 그렇다고 해서 나름대로 부를 축적해온 주역들이 그런 식으로 과소비 풍조에 빠진다면 후진들에게 보여줄 것이 하나도 없는 부끄러운 일이다. 근검을 끝까지 지켜 보람있게 쌓은 부를 더럽혀서는 안된다.

유산을 안 물려주는 것은 곧 살아있는 동안 있는 대로 다 쓰자는 것은 아니다. 과소비 해 가면서 흥청망청 다 써버리려고 그렇게 땀흘려 재산을 모았다면 그건 가치 없는 일이다. 유산을 물려주되 미리부터 자식에게 인계하고 빈손 되어서는 안 되겠다는 것이며, 자식보다는 이 사회에 물려주는 것이 더욱 가치 있는 일이 아니겠느냐는 생각이다. 그리고 그런 생각과 뜻을 가진 분들이 많이 나와 노년층의 새로운 가치관으로 정립되었으면 하는 바램이다.

장수 비결들

 기본적으로 건강은 타고난 것, 즉 체질이란 주장도 있고 성장하면서 가꾸어 가는 것이란 주장도 있다. 둘 다 옳다.

건강이란 생활환경이 어떤가에 따라 크게 다르다. 그래서 노후에 좋은 환경을 찾아 옮기는 사람들이 늘고 있다.

우리 나라에서 장수마을로 손꼽히는 곳은 북제주가 으뜸이고 무안, 고흥, 광양, 문산, 여천, 광주, 고성군 회회면 등이다. 이들 고령자들의 장수 비결의 공통점은 규칙적인 생활, 채식, 소식이다.

국외의 세계적인 장수촌으로는 남부 러시아의 코카서스 지방, 파키스탄 북부의 훈자 지방, 일본의 오키나와 지방, 에콰도르의 빌키밤바 등을 꼽을 수 있다. 특징적인 것은 모두 문명의 손길이 잘 닿지 않는 오지인데다 산맥을 끼고 있는 자연환경이라는 점이다.

낙동강 물이 썩어 가고 영산강, 금강, 춘천, 소양강, 팔당 등 수도권 지역의 상수원도 나날이 나빠지고 있는 우리의 강산도 원래는 산자수명(山紫水明)한 장수의 조건을 가진 자연환경이었다.

　그런데 지금은 자연도 오염되고 우리들 마음도 일찍 죽기를 작정한 사람들처럼 행동하고 있다. 지나치게 장수하는 것도 그것대로 문제가 있지만 주어진 여건을 더욱 나쁘게 하는 것은 우리 자신뿐만 아니라 후손들을 위해서도 할 일이 못된다. 남의 나라 장수 마을을 부러워 할 것이 아니라 이 강토를 장수 마을로 만들어 가야 한다.

　그러기 위해서는 무엇보다도 생활환경을 깨끗하고 쾌적하게 가꾸어 가는 것이 중요하다. 우리들이 대도시 문명 속에서 복잡하게 얽힌 인간관계와 인간을 짓누르는 각종 도시시설물, 그리고 숨이 콱콱 막히는 오염된 환경 속에서 생활하면서 외떨어진 장수촌 사람들처럼 살수는 없다. 각자 주어진 환경 속에서 생활하면서 건강하게 오래 살 수 있는 방법을 나름대로 찾고 실천해야 하는 것이다.

　지금까지 이야기한 공해 없는 환경도 장수의 조건으로 중요한 요소 가운데 하나지만 이중 빼놓을 수 없는 것은 어떻게 즐기고 살아가는가 하는 생활태도이다. 장수촌 사람들은 하나같이 열심히 일하고 매사를 긍정적으로 생각하며 경쟁을 싫어하는 등 항상 낙천적으로 생각하는 특징이 있다.

　특히 오키나와 주민들의 장수 요인이 그 지역 자치단체가 운영하는 각종 취미활동 등 사회복지 지원이 잘되어 있기 때문이라는 것이 우리의 관심을 끈다. 자치 단체에서 운영하고 있는 취미 교양 교실이 50여 개소에 이르며 하루 평균 스무 가지 이상의 프로그램이 항시 운영되어 노인들이 각자 자신의 생활을 즐길 수 있게 하고 있다.

　우리 나라에서도 지방자치제가 실시되면서 각 기초 자치단체별로 다양한 주민여가 프로그램을 운영하고 있는데, 앞으로 노년층에 대한 프로그램을 더욱 개발하고 지원을 강화하면 건강증진과 장수에 크게 도움이 될 것이다.

우리가 보통 얘기하는 장수라는 것은 자신이 예상하는 한계수명을 어느 정도 연장시키고 그때까지 건강하게 살 수 있는 상태를 의미한다.

『수양서(壽養書)』의 기록에는 원래 사람은 천원(天元)이라 하여 하늘이 주신 명이 60년, 지원(地元) 곧 땅으로부터 얻은 명이 60년 그리고 인원(人元)이 60년으로 모두 합하여 180살까지 살 수 있다고 한다. 그런데 사람들이 생활하면서 조심하거나 삼가지 않으므로 날마다 스스로 수명을 깎는다는 것이다. 여색(女色)을 탐하여 천원(天元)의 수를 깎고, 노심초사하여 지원(地元)의 수를 깎으며, 음식을 절제하지 않음으로써 인원(人元)의 수를 깎는다고 한다. 그래서 백수(白壽)도 채우지 못한다는 것이다.

그러므로 우리가 일상생활 중에 스스로 주의를 기울여 할 수 있는 작은 일부터 실천하면서 몸과 마음을 가다듬는 일이 중요하다. 장수의 비결은 흔히 음식과 운동, 습관 그리고 환경과 자신의 생각과 마음을 중요한 것으로 꼽는다.

우선 균형 있는 식생활로 하루 세끼는 반드시 먹되 양은 '이만하면 됐다'고 느낄 정도로 적당량의 식사를 해야 한다는 것이다. 맛있다고 과식하는 것은 금물이다. 음식종류도 육류는 가급적 줄이면서 육류대신 생선이나 채소류로 바꾸는 것이 바람직하다. 생선은 육류에 비해 상대적으로 낮은 콜레스테롤과 풍부한 영양이 함유돼 있기 때문이다.

적당한 운동은 남녀 노소 불문하고 건강유지에 필수적이다. 특히 노인에게는 걷기가 가장 좋은 운동 방법으로 일정 기간에 관계없이 하루 평균 두 시간 정도가 적당하며 식사 후에 걷는 것이 더욱 효과적이다. 흔히 식전에 운동을 하는데 나이 들수록 식후 삽십 분 후쯤 시작하는 것이 좋다.

고립되지 않는 정신적인 안정도 매우 중요한데 사회 활동에서 은퇴한 후라도 집에만 있는 것보다는 동료와 대화, 취미활동, 사회 봉사 등을 통해 정신적으로 젊은 마음을 유지하는 일이 중요하다. 모두 평소에 듣던 평범한 내용들이지만 계속해서 실천하기가 그리 쉬운 것은 아니다.

사람의 성격 역시 장수와 긴밀한 관계에 있는 것 같다. 성질은 곧 음식물 섭취 과정에 직접적이고 중요한 영향을 미치므로 나이가 들수록 마음가짐을 온화하고 여유 있게 갖는 것이 중요하다.

"성질이 급하면 장수하지 못한다. 특히 음식을 빨리 먹는 사람에게 미래는 없다"라는 말은 일본의 식이요법 및 식생활 연구가인 나가야마 히오사가 자신의 저서 『1백세까지 사는 건강 장수 사전』에서 지적한 것이다. 그는 "음식물을 빨리 먹는 행동을 계속하면 소화력이 떨어질 뿐만 아니라 참을성이 없는 신경질적인 사람으로 변해 버린다"고 주장한다.

성격과 음식 습관에 대해 상세하게 관찰한 그는 최근 사오십대의 기업주와 엘리트 중견 사원에게 '돌연사'가 급증하고 있다면서 돌연사를 일으키는 사람들의 특성을 제시하기도 했다.

특히 직장인들의 경우 바쁜 시간에 쫓겨 아침 식사로 물이나 국에 밥을 말아 쓸어 넣다시피 먹고 뛰어나가는 일이 비일비재한데 이는 곧 돌연사를 부르는 행위와 같다고 지적한다. 그는 "물에 말은 밥이란 거의 씹지 않고 삼키는 섭식 방법으로 이는 소화력의 저하는 물론이고 사람의 성격을 급하고 신경질적으로 만드는 행위"라고 지적하고 '급한 식사는 육체적, 정신적인 면에서 엄청난 반(反)건강 행위다'라고 강조했다.

음식물을 빨리 먹는 습관으로 성질이 급해지면 베타(β)파가 발생되는데 이는 감정이 흥분되고 있다거나 기(氣)가 역상했을 때 나타나는 뇌파라고 한다. 따라서 항상 초조해 하고 있기 때문에 혈관에 가해지는 스트레스도 크고 그만큼 심장에 걸리는 부담이 커지는 관계로 장수하기가 어려워진다. 이와는 반대로 음식을 천천히 씹는 행위를 계속하면 정신이 안정되고 뇌파가 알파(α)파가 되며, 침착성이 있는 맑은 정신상태가 된다고 한다.

사람은 누구나 오래 살기를 원하면서도 오래 살 수 있도록 생활하지는 못한다. 건강하게 오래 산다는 것은 그 무엇보다도 축복이다. 이는 생활 환경과 자신의 노력으로 얻어야 한다.

장수의 비결

- 위생적인 생활과 음식에 주의하라.
- 적절한 운동을 하라. 보행과 산책이 좋고 승부를 건 과격한 운동은 안 하는 것이 좋다.
- 체육, 오락 등 새로운 활동에 적극적으로 참가하여 정서적으로 낙오감에 사로잡히지 않도록 하라.
- 고립된 생활을 하지 말라. 가족·친구들과 왕성한 교류를 갖고 생활공간을 좁은 범위 속에 국한시키지 말라.
- 자기 아내나 남편에게만 종속되기보다는 각자의 개성있는 생활을 유지하라.
- 남에게 자신의 말을 듣게끔 애쓰지 말고 다른 사람의 이야기를 많이 듣도록 하라.
- 독서·음악감상·사진촬영·대자연의 인식 등 문화와 취미 생활에 적극 참여하라.
- 자신의 외모와 의상 등을 소홀히 하지 말라.
- 사색할 수 있는 충분한 시간을 갖도록 하라.

중년여성을 위한 10가지 생활규칙

- 담배를 피우지 않는다.
- 일광욕을 피하고 외출 시 햇볕 차단제를 바른다.
- 과일, 채소, 낙농 식품을 많이 먹고 소금, 설탕, 동물성 지방은 적게 먹는다.
- 칼슘을 충분히 섭취한다.
- 정상체중을 유지한다.
- 하루 8잔의 물을 마신다.
- 일주일에 한번은 성행위나 자위행위를 통해 오르가즘을 느낀다.
- 매일 치아를 닦고 일년에 두세 번 치과 치료를 받는다.
- 여러 방면에 흥미를 갖고 낙관적인 마음가짐을 갖는다.

돌연사를 일으키는 사람들의 5가지 특성

- 성질이 급하다.
- 공격적이고 경쟁심이 강하다.
- 어조가 빠르고 말투 역시 거칠다.
- 항상 무엇인가 일을 하지 않으면 불안해진다.
- 음식물을 빨리 먹어 치운다.

장수하려면 운동하라

65세 전후의 체력은 20세를 최고치로 볼 때 20~ 50%정도 줄어든다. 동맥이 굳어지고 심장박동수가 조금만 늘어도 혈압이 높아진다. 조직이 전반적으로 약화되고 유연성이 낮아진다.

그렇다고 해서 아무 운동도 하지 않고 노년기를 맞으면 각종사고의 위험과 질병에 걸릴 확률이 높아진다. 특히 거동수가 적은 노인일수록 뼈가 약해져서 작은 충격에도 쉽게 부러지며 심장·폐 기능 역시 활동량이 부족하면 크게 약화된다.

따라서 조금씩이라도 꾸준히 운동하는 것이 노인들에게는 대단히 중요하다. 물론 신체기능에는 개인차가 커 일흔에도 이삼십대의 체력을 유지하는 경우가 있기는 하지만 노인들의 운동은 특성에 맞는 세심한 주의가 필요하다.

이때 기능이 쇠퇴하는 60대 이후보다 그 이전부터 운동을 하는 것이 바람직하다. 그러므로 노년시대를 대비하기 위한 오십대는 30~40대보다 운동이 절실하게 필요한 시기다. 그 이유는 노화방지에 도움을 주기 때문이기도 하고 이 무렵에 흔히 나타나는 관절염, 요통 등 퇴행성 질환들을 예방하는 데 필수적이기 때문이다. 그래서 50대의 운동을 흔히 보약이라고 한다.

또한 운동은 지적능력의 유지와도 연관성이 높다. 운동을 하지 않는 사람은 기억력·추리력이 빨리 떨어져 60대 이후 노인성 치매를 경험할 확률이 높다. 뿐만 아니라 운동부족에 의한 육체적 쇠퇴는 정신적인 위축감을 유발한다.

관절염에 걸리지 않으려면 관절 그 자체도 튼튼해야 하지만 관절을 둘러싸고 있는 근육·인대 등이 튼튼해야 한다. 따라서 운동을 통해 근력·인대의 약화를 막는 것이 관절염·요통 등을 예방하는 중요한 방법이다.

평소 운동을 하지 않는 노인들은 특히 근력과 유연성이 많이 저하되어 있으므로 먼저 다리나 팔의 근력과 유연성을 강화시키는 운동이 필요하다. 맨손으로 하는 스트레칭 운동이나 칼리스테닉스 운동이 도움이 된다.

서울중앙병원 스포츠건강의학센터에서 스트레칭을 위주로 한 유연체조를 70~80대 여성노인에게 삼 개월간 주 3회, 일 회에 40분씩 실시한 결과 허리둘레가 평균 6㎝, 엉덩이둘레가 2㎝, 지방이 2% 줄었다고 한다. 또 허리가 지면에 닿는 유연성은 평균 4㎝, 손으로 쥐는 힘은 3㎏, 등근육 힘은 5㎏ 늘었다고 한다. 그리고 지방을 뺀 근육의 무게는 운동을 한 노인들은 삼 개월만에 평균 0.8㎏ 증가한 반면 그렇지 않은 노인은 0.5㎏ 감소했다고 한다.

유연체조는 근육관절의 유연성, 근력, 평형성을 향상시킨다. 따라서 잘 넘어지지 않게 되므로 노인의 경우 골다공증으로 약해진 뼈가 골절되는 위험이 줄어든다. 연구팀은 체조는 일주일에 적어도 3회 이상 해야 한다고 밝혔다.

흔히 고혈압, 당뇨병, 동맥경화, 관절염, 심장병 등 노인성 질환은 심장, 폐 근육의 기능저하에서 비롯되는데 이런 질환을 예방하기 위해서는 빠르게 걷기, 조깅, 수영, 자전거 타기 등과 같은 유산소 운동이 필수적이다. 축구, 테니스처럼 움직임이 불규칙한 운동은 심장에 무리를 주기 때문에 나이가 들어서 시작하는 것은 피하는 게 좋다. 수영처럼 규칙적인 동작으로 구성된 운동을 하는 것이 바람직하다.

대체로 노인은 본 운동으로 수중운동 20~40분, 산책 20~40분, 빨리 걷기 30분 정도 가운데 하나를 택해 운동하는 게 적당하다. 전문가들은 노년기에 가장 적절하고 손쉬운 운동은 속보와 가벼운 조깅, 등산, 기구체조 및 맨손체조 등이며 골프나 수영도 훌륭한 운동이라고 소개하고 있다.

흔히 노인들이 잘 넘어지는 이유는 평형감각이 약해지기 때문인데 이는 걷기 등 다리근력 강화운동으로 유지할 수 있다. 평형감각상실로 일어나는 노인들의 낙상, 골절사고는 미국에서도 해마다 전체 노인의 30~40%가 경험한다고 한다. 때문에 노인운동은 다리를 튼튼히 해서 몸의 균형을 유지하는 것에 초점을 두면 효과를 볼 수 있다.

노인들이 가장 약한 부분은 발목이라고 한다. 특히 발목이 약할 경우에는 무릎과 엉덩이를 사용해서 균형을 잡을 수 있도록 몸을 단련해야 한다. 발목을 강화하는 데 가장 좋은 운동 역시 걷기이다. 천천히 걷는 것만으로도 허벅지 근육을 강화할 수 있다.

많은 연구들은 걷기운동이 건강에 중요하다는 증거를 제시하고 있다.

총 707명에 이르는 사람들의 운동효과를 분석한 호놀룰루 심장센터의 자료에 의하면 걷기가 사망위험도를 감소시켜 준다는 것이

다. 하루에 적어도 3.2㎞이상 걷는 남성의 사망률은 하루에 1.6㎞
도 걷지 않는 남성보다 50% 낮았다. 하루에 1.6~3.2㎞정도 걷는
남성들은 중간정도의 사망률을 보였다. 이 조사에서 보면 하루에
1.6㎞가량 걷는 운동은 12년 동안 사망률을 19%나 감소시켜 준
것으로 나타났다. 또한 하루에 2㎞씩 걸으면 0.5㎞를 걷는 남성들
보다 사망 위험률이 22% 낮아진다는 하버드 의대의 발표도 있었
다.

그러므로 한 달에 6회 이상 활기차게 걷는 운동을 하면 유전적
요소나 가족 내에 병력(病歷)을 감안하더라도 건강증진에 큰 도움
을 준다. 운동량은 개인에 따라 적정한 수준이 다르겠지만 운동할
수 있는 사람은 자신이 할 수 있는만큼 운동하는 것이 건강에 좋
다. 대체로 하루에 1.6~3.2㎞씩 걷는 것은 최소한의 운동이고 활
기찬 걸음으로 4.8~6.4㎞를 걷는 것이 이상적이라고 한다.

어느 정도 운동을 계속해 온 사람에게는 걷는 운동보다 조깅이
체력을 증진하는 데 좋다.

조깅은 누구나 쉽게 할 수 있는 좋은 운동이다. 대체로 노년이
되면 조깅은 적절하지 않다고들 하는데 그렇지 않다. 운동량을 자
기 몸에 맞게 조절하여 규칙적으로 하면 나이가 들어도 얼마든지
할 수 있는 운동이다. 그러나 자신의 신체적인 특성을 고려하지 않
고 무리하게 하면 위험할 수도 있다.

흔히 장년층에서 조깅을 시작운동으로 선택하는 경우를 보게 된
다. 하지만 갑자기 시작하면 심장과 관절에 무리가 올 우려가 있으
므로 중장년층은 전단계 운동으로 몸을 풀어주는 것이 필요하다.
60대 노인이 조깅하다가 사망하는 이유는 대개 무리하기 때문이
다.

만약 조금만 움직여도 숨이 차거나 평상시 무릎에 통증이 있었

다면 조깅보다는 빨리 걷기 등으로 기초 체력을 먼저 기르는 것이 좋다. 체중의 서너 배 무게로 하체에 부담을 주는 조깅에 비해 빨리걷기는 1.5배 정도여서 큰 부담이 없다.

서울대 정성태 교수에 의하면 40대 이상에서 남성은 100m를 약 1분 25초의 속도로, 여성은 1분 30초 정도로 하루 20분씩 시작, 운동량을 점차 늘려나가는 것이 좋으며 이때 보폭은 자신의 키에서 80㎝를 뺀 길이가 좋다고 한다. 신발은 바닥이 부드러운 것이라야 발목관절에 부담이 적고, 옷은 가벼운 면제품을 착용하여 땀의 흡수력을 높여주어야 한다.

여기서 참고할 것은 공복으로 운동을 하면 부정맥 증세를 일으키기 쉬운 지방산이 혈액 중에 증가할 수가 있으므로 약간의 주스 등을 마시고 시작하는 것이 좋다는 점이다. 또한 더운 날씨에는 미리 한 컵 정도의 물을 마셔두는 것이 운동 중 탈수증 예방에도 효과적이다.

그리고 운동을 할 때 되도록 머리 속을 깨끗이 비워 두는 것이 좋다. 현대인에게 가장 해로운 것 중의 하나가 바로 정신적인 스트레스이며 이것이 고혈압, 뇌졸중 등에 가중될 경우 치명적이 될 수 있으므로 운동 중일 때는 정신의 완전한 자유가 필요하다.

신체적인 이상이 없어도 운동강도, 운동량, 운동빈도를 잘 조절하여 조깅을 해야 한다. 우선 주의 할 것은 시간을 정해 놓고 운동량을 채우는 것보다는 그날의 컨디션에 따라 맞추는 것이 좋다. 피곤한데도 무리하게 운동을 하다가는 자칫 돌연사 할 수도 있기 때문이다.

운동량은 40~50대는 삼십 분에서 한 시간, 60대 이상에서는 삼십 분 정도가 적당하다. 특히 조깅 중에 휘파람을 불어 잘 나오지 않을 정도이거나 옆 사람과 말을 할 때 목소리가 잘 안 나올 정도라면 운동을 멈춰야 한다.

운동빈도는 40~50대는 일주일에 5회, 60대 이상은 이틀에 한 번정도가 좋다. 60대 이상에서는 운동을 한 다음 회복기간이 평균 하루정도 걸린다. 특히 아침 운동 전에 맥박을 체크한 다음 운동에 임하는 것이 현명하다. 맥박을 잴 때 일분에 60~70회면 정상이나 10회 이상 늘어나면 그날은 운동을 쉬는 편이 좋다.

미국의 경우엔 지난 20년 사이 조깅인구가 두 배로 늘어난 반면 심장질환 등으로 인해 돌연사 한 경우는 절반으로 줄었다고 한다. 원칙만 철저히 지킨다면 조깅은 가장 좋은 운동 가운데 하나임이 틀림없다.

여성노인의 경우 에어로빅은 골다공증을 예방하는 데 도움을 준다. 에어로빅은 노인의 걸음을 개선시켜 신체 기능을 강화한다. 젊은 여성은 물론 노인들도 3~6개월 간 에어로빅을 하면 근육의 강도를 200%까지 증가시킬 수 있다.

노인운동의 또 하나의 예로 골프를 들 수 있다. 최근 생활의 여유가 생기면서 골프인구가 폭발적으로 증가하고 있고 노인인기스포츠로도 자리를 잡아가고 있다. 아직은 골프의 대중화가 이룩되지 못한 상태고 골프장도 많지 않아서 노인들이 일반적으로 즐길 수 있는 운동은 못 되지만 앞으로 노인들이 쉽게 즐길 수 있는 운동 중 하나임은 분명하다.

골프는 한 코스 당 8㎞를 걷고 정신집중을 필요로 하기 때문에 신체적으로 뿐만 아니라 정신적으로도 운동효과가 높다. 그러나 힘이 비교적 덜 들고 시간적으로도 여유가 있는 운동이라고 하여 너무 쉽게 생각하는 것은 금물이다. 왜냐하면 운동시간이 길고 점수관리를 해야하는 예민한 운동들이 다른 운동에 비해 예상 밖으로 위험하다는 보고가 있으며, 실제로 그런 일이 우리 주위에서 발생하는 때문이다.

고령자가 골프나 등산도중 돌연사 할 가능성은 달리기에 비해 8배나 높다고 일본 후생성 연구반이 최근 밝혔다. 달리기의 위험률을 수치 1을 기준으로, 60세 이상 고령자들의 골프 위험률은 7.9, 등산은 7.4, 게이트볼과 댄스는 각각 1.6, 수영은 1.3, 테니스는 0.8이었다. 때문에 노인들이 내기 골프를 하면서 1m 이내의 퍼팅에 신경을 곤두세우는 것은 몸에 좋지 않다.

요컨대 노인운동에 있어서 유의해야 할 일은 무리하지 말아야 한다는 점이다. 건강하게 오래 살려고 하는 운동이 오히려 지나치면 성인병을 가져오고 노화를 앞당기는 원인이 될 수도 있다. 뿐만 아니라 무리한 운동은 신체의 각 부분의 균형을 깨뜨릴 수 있고 사고의 위험이 될 수 있다.

노인의 운동에서 지켜야 할 사항

- 운동을 시작하기 전에 반드시 목과 팔다리의 굴신과 회전을 포함한 가벼운 준비운동을 해야 한다.
- 운동량과 운동시간은 각자의 체력에 알맞아야 한다.
- 배가 너무 부를 때나 고플 때는 운동을 삼가야 한다.
- 날씨가 더울 때는 충분한 수분을 섭취해야 한다.
- 운동에 알맞은 의복과 신발을 착용해야 한다.
- 운동 도중에 무리가 온다고 느끼면 즉각 중단하고 휴식을 취해야 한다.
- 호흡기와 심장에 병이 있는 사람은 운동 전에 전문의와 상의하여 운동의 종류와 양을 결정해야 한다.
- 운동할 때 안전사고에 주의해야 한다.

여자가 남자보다 오래 사는 이유

 우리 나라 국민의 평균수명은 2000년 현재 남자는 72.1세, 여자는 79.5세다.

20년 전에 비하면 남녀 모두 십 년 이상 수명이 연장되었다. 백 세가 넘는 노인만도 2,200명이나 된다. 1980년에 224명이었던 백 세 이상 노인이 20년 동안 열 배로 늘어난 셈이다. 2000년에 태어난 아이들 열 명 중 세 명이 85세 이상 장수하고 200명 중 세 명 꼴로 백 세 이상 살 것으로 예측된다.

흥미로운 것은 나이가 많을수록 여성노인의 비율이 훨씬 더 높다는 것이다. 백 세 이상 고령인구 중 남성은 여성의 십 분의 일에 불과하다. 여성의 수명이 남성보다 긴 것은 인종이나 선후진국, 지역에 관계없이 꼭 같이 나타난다.

대체로 선진국 여성의 평균 수명은 남성보다 7~8년이 길다. 러시아 여성들은 남성들보다 무려 12.1년이나 오래 산다. 스물 다섯의 여성이 서른인 남성과 결혼할 경우 17.1년을 혼자 살아야 한다.

여자는 왜 남자보다 오래 사는 것일까. 고신대 남은우 교수는 생물학적, 사회학적, 영양학적으로 여자가 장수하는 이유를 다음과 같이 밝히고 있다.

첫째, 남자는 근육질이나 여자는 지방질이다.

지방질은 근육질에 비해 에너지 효율이 높다. 일상 활동에 있어서 에너지 소비량은 여자가 남자보다 시간당 10kcal 가량 낮다. 곧 여자는 남자보다 적은 에너지를 소비해도 활동할 수 있고 생명을 유지할 수 있다.

건물 붕괴사고가 나서 건물 더미에 매몰되거나 산 속에서 조난을 당해도 여자는 남자보다 에너지 소비량이 적어 생존가능성이 높다. 오래 전 제주도 근해에서 배가 조난 당해 겨울바다에서 나무 조각 등에 의지해 생명을 구한 사람들의 대부분이 여자들인 것만 보아도 알 수 있다. 양초를 예로 들면 남자는 순식간에 타버리지만, 여자는 오랫동안 계속해서 탈 수 있는 것과 같은 이치이다.

둘째, 여성은 추위와 더위에 모두 강하다.

기후변화에 대한 적응능력은 장수와 밀접한 연관이 있다. 여자는 피하지방이 남자보다 두꺼워 체표면에서 열이 방출되는 것을 상당부분 억제할 수 있다. 성인 남녀를 냉장실에 들여보내 관찰한 결과 남자는 추위에 적응하느라 신진대사가 활발해졌지만 여자는 변화가 거의 없었다. 남자는 에너지 낭비형인 반면 여자는 에너지 절약형이라고 볼 수 있는 것이다.

더위나 추위도 마찬가지다. 여성은 기온이 올라가도 체내에서 열의 발산을 억제하는 능력이 뛰어나다. 여름철 운동경기장에서 부채질하는 사람도 여성보다 남성이 훨씬 많다. 집에서 에어컨을 남자들이 자주 켜는 것을 보아도 이를 짐작할 수 있다. 물론 겨울에도 여성들은 상대적으로 가벼운 옷으로도 추위를 잘 견딘다.

셋째, 여성호르몬은 심장병의 위험을 낮춰준다.

남성호르몬은 수명을 단축하지만, 여성호르몬은 수명을 늘리는 작용을 한다. 이는 동물실험에서도 입증됐다. 수컷의 정소(精巢)를 거세하면 뇌졸중의 발병률이 낮아진다. 거세한 수컷에게 여성호르몬을 투여하면 뇌졸중 발병률이 더 낮아지고 수명이 연장된다. 반면 암컷의 난소를 제거하면 뇌졸중 발병률이 높아진다. 난소를 제거한 암컷에게 남성호르몬을 투여하면 뇌졸중 발병률이 더 높아지고 수명은 단축된다.

이런 현상은 사람에게도 나타난다. 미국의 한 정신박약자 수용시설을 조사한 결과 일반 남성의 평균수명이 55.7세인 반면, 거세된 남성은 69.3세로 수용시설의 여성들보다 더 오래 살았다. 여자가 남자에 비해 혈압이 쉽게 오르지 않고 심근경색증이나 협심증에 걸릴 위험이 적은 것도 여성호르몬이 혈관에 나쁜 콜레스테롤이나 노폐물이 쌓이지 않도록 돕기 때문이다.

넷째, 여자는 직장에서 과잉 충성하지 않는다.

당연히 심리적인 갈등이나 불만에 노출되는 빈도가 적다. 반면 남자는 심신에 무리가 와도 이를 개의치 않고 일을 진행하는 경우가 많다. 일에 집착하다 보니 부산하고 바쁘게 움직이는데도 피로에 대한 자각증상이나 호소는 적은 편이다.

특히 우리 나라 남성들은 직장에서 과로하는 것이 거의 보통이다. 밤늦도록 일해야 상사들이 평가를 잘해주고 승진기회에도 유리하다. 불필요하게 과잉 충성하는 경우도 많다. 경쟁에서 남을 이기기 위한 것도 있지만 유교적 직장문화에서 오는 하나의 전통이기도 하다. 그래서 과로사하는 것은 거의가 남자들이다.

지금까지는 직장에서의 여성의 숫자가 적어서 그렇다고 볼 지도 모르지만 직장 구성원들이 모두가 여성인 경우에도 과로사에 까지 이르는 수치는 적을 것이다.

다섯째, 여자는 스트레스 대처능력이 뛰어나다.

남자는 일이라는 하나의 영역에 집중한다. 일의 성패 여부에 따라 희로애락 하는 단순함이 있다. 반면 여자는 항상 두 세 가지의 영역을 갖고 살아간다. 낮에는 일에 매달려도 밤이면 아내와 어머니로 돌아간다. 남자보다 다양한 스트레스에 노출돼 있지만 매월 찾아오는 '월경'이라는 스트레스를 잘 조절하듯 대처능력이 뛰어난 것이다. 여자는 괴로우면 마음껏 운다. 남자는 괴로워도 참는 편이다. 남자의 스트레스는 이래저래 높아질 수밖에 없다.

또 남자는 스트레스를 풀 때도 술을 마시거나 줄담배를 피우는 방법을 취할 때가 많다. 술이나 담배를 끊은 사람이라도 심한 스트레스를 받을 경우에는 다시 마시고 피운다. 이는 결국 건강을 해치고 수명을 단축하는 요인이 된다. 싸우거나 화내는 경우도 마찬가지다.

위에서 말한 몇 가지 이외에도 일반적으로 남자들은 위험한 직업이나 현장에 종사하는 경우가 여자보다는 월등하게 많다거나, 음식물 섭취에서도 외식이 많고 섭생에 관심이 적은 점 등 많은 이유가 있다.

그러나 남자라 하더라도 생물학적으로 타고난 제약을 제외하고, 살아가면서 취약한 부분을 해소해 나간다면 여자처럼 오래 살 수 있다. 그것은 각자가 스스로 찾아야 한다.

웃으면 건강이 와요

웃는 것보다 효과가 높고 비용이 덜 드는 건강증진 법도 없다. 웃으려면 마음이 긍정적이고 낙천적이어야 하며 너그러워야 하는데 세상살이가 꼭 그렇게 할 수만은 없기 때문에 우리는 나이가 들수록 웃음을 잃어 가고 있다.

미국의 심장 전문의 존 코긴 박사에 의하면 어른과 어린아이의 웃음 회수를 비교한 결과 어린아이는 하루 평균 사백 번 웃는데 비해 어른은 불과 열다섯 번 웃는다고 한다. 만일 어린아이가 어른처럼 잘 웃지 않는다면 성장도 늦을 뿐 아니라 각종 질병 이환률도 훨씬 높을런지도 모른다.

웃음은 맥박·호흡을 안정시키는 효과를 갖고 있으며 진통제나 마약 중독을 감소시킬 수도 있다. 그래서 웃음이 실제 치료의 중요한 수단으로 사용되고 있기도 하다.

웃음과 호르몬의 관계에 관한 연구에 의하면 웃음프로그램에 참여한 사람들은 참여하지 않은 사람들보다 '에피네프린'의 과다분비가 적었다고 한다. 이 호르몬은 혈관을 수축시키고 혈압을 높이고 맥박을 빠르게 하여 분비가 많을 경우 고혈압과 가슴이 두근거리는 증상을 일으킨다. 또 웃음은 '코르티솔'이라는 호르몬의 과다분비를 막는다고 하는데, 이 호르몬의 분비가 많아지면 면역체 형성을 억제하여 질병에 잘 걸리게 된다.

웃음은 스트레스를 해소하는 데 최고다. 스트레스에는 두 가지 종류가 있다. 하나는 고통을 주는 스트레스(distress)이고 다른 하나는 유머나 웃음처럼 긍정적인 자극(Positive Stress)이다.

유머나 유쾌한 웃음으로 우리의 마음이 즐거워지면 우리의 신체도 함께 즐겁고 건강해진다. 크게 소리내어 웃으면 스트레스가 해소되고 세포가 활성화돼 신체의 면역력이 증진된다. 웃으면 얼굴의 근육이 움직여 뇌가 적당한 자극을 받아 긴장이 풀리기 때문이다. 또한 큰 소리를 내어 웃는 것은 산소의 섭취량을 증가시켜 심호흡과 같은 효과를 가져와 세포를 활성화시킨다.

미국의 뉴잉글랜드대학에서 유머방송을 삼십분간 보여줘 실컷 웃게 한 사람 열 명과 재미없는 방송을 삼십분간 보여준 열 명의 침을 비교 조사한 결과 실컷 웃은 사람들의 침 속 글로브린 A(바이러스 감염을 막아주는 역할을 함)의 양은 평균 15.8% 증가했으나 다른 그룹은 0.8%의 증가에 불과했다고 한다.

인간의 뇌 중심부에는 감정과 자율신경, 면역력의 세 가지 기능을 맡고 있는 간뇌가 있는데 간뇌의 기능들은 상호작용을 해 한가지 기능이 떨어지면 다른 기능도 떨어진다. 따라서 감정을 높여 자율신경의 움직임을 활발히 하면 면역력도 증가된다는 것이다.

사실 이 지구에 수많은 동물들이 있지만 웃을 수 있는 존재는 인간뿐이다. 아마 웃음이야말로 하나님이 주신 최대의 선물중의 하나인지도 모른다.

구약성경 잠언 17장 22절에 '마음의 즐거움은 좋은 약'이라는 말이 있다. 이 말은 약 3천 5백년 전에 쓰인 처방인데 현대의학에서는 이제야 웃음을 알약처럼 투여하게 되었다. 또한 '심령의 근심은 뼈를 마르게 한다'는 귀절도 있다. 뼈는 시멘트 건물처럼 고정되어 있는 것이 아니고 의학적으로 볼 때 쉴 새 없이 칼슘이 빠져나가기도 하고 들어와 쌓이기도 하는 대사과정을 밟는다. 그러나 걱정 근심 같은 스트레스가 심해질 때는 호르몬의 영향으로 뼈 속의 칼슘이 녹아 나오게 된다. 뼈에서 칼슘이 빠져나가면 뼈가 약해져서 골절되기가 쉽다. 이처럼 마음의 근심이 호르몬을 통하여 뼈가 마른다는 것은 과학적으로 입증되고 있다. 호르몬이나 칼슘에 대한 지식이 전혀 없던 당시로서는 놀라운 기록이다.

웃음은 심리적 조깅(Internal Jogging)이다. 또는 심리적인 에어로빅이라고도 할 수 있다.

스탠퍼드 의과대학의 윌리엄 프라이 박사는 웃음의 효과에 대해서 삼십년간 연구했는데 그에 의하면 하루에 삼 분간 유쾌하게 웃는 것은 십 분간 보트의 노를 젓는 것과 같은 효과를 낸다고 한다. 또한 이십 초 동안 크게 소리내어 웃으면 오 분간의 에어로빅을 한 것 같은 효과를 얻을 수 있다고 한다.

이는 웃음이 긴장이완에 따른 스트레스를 해소해줄 뿐만 아니라 심장 박동률을 높이고 근육상태와 혈액순환을 개선시켜 몸 조직에 영양 및 산소공급을 원활케 해주기 때문이다.

웃음은 우리 몸 안에 강력한 엔돌핀을 만들어내 스트레스를 없애고 두통을 가시게 하는 등 건강상 여러 가지 유익한 작용을 한다. 하루에 백 번을 웃을 경우 한번에 오 초의 시간이 걸린다고 할 때 8분 30초를 소비하게 되는데 이는 강렬한 운동의 하나인 노젓기를 십 분하는 것과 맞먹는 육체적 운동효과를 가져온다고 한다. 즉 웃음은 운동복 갈아입고 샤워를 하는 등 복잡한 과정이 필요

없이 가장 간단하게 할 수 있는 운동인 것이다.

미국 같은 나라에서는 웃음으로 병을 고치고 건강을 지킨다는 이론이 이미 기성학문으로 돼있다. 일본의 한 병원에서는 유머대회를 열어 환자들의 치료를 하고 있다고 한다.

웃음을 연구하고 있는 로레타 라로쉐는 건강한 삶을 살기 위해서는 하루에 백 번은 웃어야 한다고 주장했다. 실제로 건강한 사람은 하루에 100~400번까지 웃는다는 것을 밝혔다. 소위 말하는 배꼽을 쥘 정도로 웃는 경우 혈압은 일 분에 120~200까지, 맥박은 60~120회까지 올라가지만 이로 인해 고혈압이 오는 일은 없고 오히려 낮아진다고 보고하고 있다.

웃음뿐만 아니라 우는 것도 우리 몸에는 좋다. 우는 것은 웃는 것과 정반대 되는 개념이긴 하지만 울음으로 속에 맺힌 것을 풀고 슬픔을 배출할 수 있으니 간접적인 즐거움이라고 할 수 있다. 그래서 울어야 할 때 우는 것은 건강과 장수에 도움이 된다.

남자가 여자보다 장수하지 못하는 이유 중의 하나로 남자는 여자들과 같이 소리내어 울지 않기 때문이라는 주장도 있다. 이 말을 뒤집어보면 남자도 괴롭거나 슬플 때 남의 눈치 안보고 소리내어 울 수 있다면 정신적으로나 육체적으로 좋은 결과를 가져올 수 있다는 얘기가 된다.

그러나 남자들은 초등학생만 돼도 눈물을 흘리거나 소리내어 울면 '사내가 약하게 눈물을 보이면 되느냐'고 주위 사람들이나 집안 어른들로부터 꾸지람을 흔히 받는다. 실제로 중년을 넘어선 사람이라 할지라도 슬프거나 괴로울 때 눈물을 흘리며 소리내어 울 수만 있다면 정신적인 스트레스를 해소하게 되고 위액분비가 많아짐으로써 소화를 촉진시켜 육체적으로 좋은 효과를 얻을 수 있을 것이다.

눈물의 성분을 살펴보면 99%가 물이고 0.8%는 염분이며 나머지 0.2%는 단백질로 구성돼 있다. 눈물은 눈동자를 보호하는 윤활유작용을 하며 세균이 침입할 경우에 강력한 살균작용을 한다.

사람의 위는 슬프거나 괴로우면 활동이 떨어지고 위액이 적게 나오지만 일단 눈물을 흘리면서 소리내어 울게 되면 위의 운동이 활발해지고 위액이 많이 나와 식욕이 왕성해 진다. 여자들이 흔히 눈이 빨개지도록 울고 난 뒤에 음식을 많이 먹는 것도 바로 이 같은 이치 때문이다.

건강하게 살려면 되도록 웃어야 한다. 노년이 되면 더욱 웃어야 한다. 그렇다고 시도 때도 없이 마구 웃어댈 수만도 없다. 우리 나라에서도 이제 사회통념에도 걸맞으며 천박하지 않은 웃음을 개발할 때가 되었다. 반드시 입을 크게 벌리고 웃는 것만이 중요한 것이 아니라 웃는 낯으로 너그러운 마음으로 생활하는 것이 장수의 비결이다.

노인 재혼

 세상 많이 달라졌다. 나이 일흔이면 모든 것이 끝나는 시기로만 생각하던 때는 이미 옛날이다.

요즘 노인대학이나 노인문화교실 프로그램에 남녀노인들이 어울려 지내는 일이 많아지면서 자연스럽게 노인데이트가 이뤄지고 재혼하는 사례가 늘고 있다. 평균수명이 늘어나고 의학이 발달해서 성적인 욕구가 연장되는 것도 노인 재혼이 늘어나는 요인이 된다.

최근 '노인의 전화'에 들어오는 상담 가운데 가장 많은 것이 이성교제(異性交際)에 관한 것이라고 한다. 또 노인들의 미팅을 주선해주는 어느 문화센터의 경우 매주 150명 이상의 노인이 참가해 적극적으로 파트너를 구한다고 한다.

요즘 노인들은 예전과 달리 성적으로 활발하다. 노인들이 성적 욕구를 건강한 방법으로 해소하지 못할 때 노인을 대상으로 한 매춘, 성병 등 심각한 부작용이 초래될 수 있다.

그러나 성적욕구보다도 대화를 할 수 있는 상대를 만나 서로 이해를 나눌 수 있는 부분이 중요하다. 자식 손주들에게서 소외감을 느끼던 노인들이 서로 만나 평소 가족에게 하지 못했던 이야기를 털어놓는 것만으로도 행복감을 느끼게 된다.

그럼에도 불구하고 막상 노인데이트나 재혼을 겉으로 드러내기란 쉽지 않다. 노인들에게 '어른답게 욕구를 자제할 것'을 요구하는 우리 사회의 엄숙한 관념이 행동을 제약하는 요인이 된다.

또 재혼의 경우엔 재산 관계가 복잡해지고 자식들의 반대가 심한 경우도 있어 어려움이 많다. 유산에 집착하지 않는 외국의 경우 노인재혼이 자연스럽게 이루어지지만 아직까지 '부모재산은 자식 몫'이라는 생각이 강한 우리 사회에서는 재혼을 하려 해도 자식 눈치를 살피게 된다. 혼인신고를 하지 않은 사실혼 관계인 경우에도 사망 후 유산상속 권리가 있으므로 노인들은 동거마저 자유롭지 못한 형편이다.

그렇지만 노인재혼은 노인자신의 욕구나 태도 때문만이 아니라 사회적으로도 그 필요성이 커져가고 있다. 앞으로도 노인 재혼은 크게 늘어날 것이며 이에 대한 대책도 이젠 긍정적으로 논의해야 한다.

통계적으로 볼 때 우리 나라 남자들이 여자보다 7~8년 정도 수명이 짧기 때문에 최소한 그 기간만큼 여자들은 과부로 살 수밖에 없다. 그러나 이런 수치는 어디까지나 통계적인 것이고 그 중에는 일찍 상처해서 외롭게 여생을 보내는 경우도 많다. 이렇게 중년에 과부가 되거나 상처를 해서 혼자 살면 함께 해로하는 경우에 비해 훨씬 단명하게 된다.

일생을 독신으로 사는 사람 중에는 우울증이나 노이로제 환자가 많으며, 미국에서도 그렇지 않은 사람보다 수명이 5~7년쯤 짧다. 이성과 데이트를 하는 노인이 치매나 우울증에 걸릴 확률이 훨씬 적고 건강한 노년을 보낸다. 바로 이런 측면에서도 노인재혼을 긍정적으로 바라볼 필요가 있는 것이다.

이런 저런 이유로 자식들의 눈치를 봐야하는 점잖지 못한 늙은 이로 비치던 지난날의 일반적 인식과는 달리, 늘어난 여생을 외로움의 그늘에서 보내기보다는 동반자와 함께 새로운 삶을 꾸려가려는 노인들이 많아지게 된 것이다.

또한 지금은 장성한 자녀들이 홀로된 부모에게 이성친구를 소개하거나 대화의 장을 마련하는 사회 단체로 노인을 이끄는 경우도 점차 늘어나고 있다. 더구나 지금은 노인들도 어느 정도 경제력을 가지고 있고 자식들로부터 독립하려는 경향이 강하다.

따라서 재혼이 불가피하고 새로운 가정생활을 할 능력이 있다면 노인재혼은 당사자들에게는 물론이고 사회를 건강하게 만드는 중요한 기능을 담당하게 될 것이다. 이성에 대한 관심은 자신의 생활을 활기차게 하고 노년의 삶 자체를 적극적으로 변화시키기 때문이다.

황혼 이혼

 남편의 외도와 구타에 시달려 오던 일흔의 할머니가 이혼소송을 제기하여 승소했다.

50여 년 전에 결혼해 여섯 남매를 낳아 길러온 이 할머니는 평소 남편으로부터 시달려온 세월을 이혼으로 정리한 것이다. 남편이 결혼 초부터 외도를 했고 아내를 폭행하고 나이가 들어서도 아내를 아내로 대접해 주지 않아, 결국 칠순의 나이에 갈라선 것이다. 가정법원은 할아버지의 불성실한 혼인생활로 가정생활이 파탄에 이른 만큼 두 사람은 이혼하라고 판결했다. 그리고 할머니에게 위자료 5천만 원과 재산 분할금 4억 5천만 원을 합친 5억 원을 지급하도록 했다.

73세의 한 중견기업 회장부인도 남편의 구타와 외도로 결혼생활을 더 이상 유지할 수 없다면서, 남편을 상대로 이혼 및 천억 원의 재산 분할 조정신청을 가정법원에 냈다고 한다. 나이도 있으니 두 분이 화해하고 해로하시라는 1심 판결로 패소했던 70대 할머니는 다시 항소심에서 승소하여 40여 년 간의 결혼생활을 청산하고 뒤늦게 새로운 인생을 찾기도 했다.

작년여름에도 남편의 폭력에 시달려 오던 어느 70대 할머니가 이혼소송에서 승소, 남편의 재산 중 26억원을 받아 내 독립하기도 했다.

이제는 단 하루라도 인간답게 살고 싶다는 할머니들의 독립선언이 계속 이어지고 있고 법원에서도 이들의 소송이 적지 않게 받아들여지고 있다.

1990년대 일본에서 불기 시작한 황혼 이혼 특히 '정년 이혼' 바람이 우리 나라에서도 일어나고 있는 것 같다. 전체 이혼 상담의 10% 가량이 결혼 생활을 유지한 지 20년 이상 된 부부들이고, 그 중의 80%가 여성 쪽에서 이혼을 원하고 있다고 한다.

그 동안 가정과 가족이라는 이름으로 감춰지고 인내할 수밖에 없었던 부부간의 갈등이 최근 여권신장바람으로 봇물처럼 터져 나오고 있는 것이다.

거의 대부분 여성 쪽에서 제기하는 황혼이혼은 남편의 학대에 시달린 경우이지만 한편으로는 재산과 결부되는 경우도 있다고 하니 참으로 세상 무섭게 변하고 있다는 생각이 든다. 남편에게 눌려 지내며 외도, 폭행 등으로 고통 당하다가 자녀들이 다 자라고 독립하게 되면 차츰 남편이 사회적으로도 힘을 잃게 되고 더구나 남편의 퇴직금까지 예상되는 시기에 맞춰 허를 찌르는 셈이다.

대법원 통계에 따르면 20년 이상 가정을 유지하다가 결별하는 황혼이혼은 해마다 늘어가고 있어 지난 1997년에 421건이던 것이 1998년에는 778건으로 84.7%가 늘었다.

하지만 우리 나라 대법원 판례는 아직까지 황혼이혼에 대해 부정적인 입장이다.

인류학자들에 의하면 유대교나 이슬람교, 힌두교 등과 같이 결혼의식이 성대하고 엄격한 사회일수록 이혼이 힘들다고 한다. 또 가부장적 질서가 강한 사회일수록 여성의 요구에 의한 이혼은 성립되기 힘들다고 한다. 사실 우리 나라의 경우 엄격한 가부장적 사회이고 결혼예식 또한 성대하여 전통적으로 여성에 의한 이혼은 생각할 수도 없었다.

한 칠순 할머니가 팔순 할아버지를 상대로 낸 이혼소송에 대해 지난해 말 대법원은 "남편이 가부장적 권위를 내세워 순종을 강요했더라도 결혼 당시 혼인에 대한 가치기준과 동떨어지지 않았다면 이혼사유가 될 수 없다"고 기각, 가부장적 의식구조의 한계를 둘러싸고 열띤 논쟁을 촉발한 경우도 있었다.

그러나 시대가 바뀌면서 여성들의 의식이나 사회적 인식이 많이 달라지고 있다. 가부장적인 남편들이 노년에 할머니들로부터 혼이 나고 있다.

작년 대법원의 한 세미나에서 황혼이혼에 대한 논쟁이 있었다. 즉 "혼인의 파탄 인정여부는 사실인정의 문제라기보다는 가치 판단의 문제"라며 황혼이혼에 있어서 재판상 이혼을 제한하는 기존의 논거에 대해 의문이 제기됐다.

이 주장에 의하면 현재 법원의 혼인 파탄의 판단기준에 대해 혼인계속 의사의 유무(상대방의 의사), 파탄의 원인에 관한 당사자의 책임유무, 혼인생활의 기간, 자녀의 유무, 당사자의 연령, 이혼이후의 생활보장, 기타 혼인관계의 제반사정 등을 꼽았다. 단 "파탄의 인정 여부는 상대방의 의사와 분리해 고려해야 한다"면서 "상대방이 간절히 혼인생활의 유지를 바라고 있다는 이유로 혼인생활이 아직 파탄에 이르지 않은 것이라고 인정한다면, 황혼이혼의 경우 이혼 청구가 받아들여지는 경우는 거의 없을 것"이라고 주장했다.

또 "당사자의 연령과 혼인기간, 동거기간, 자녀의 유무 등도 황혼이혼의 경우 파탄의 판단기준으로 삼기 부적절하다”고 말했다. 이는 법적인 판단기준도 서서히 달라지고 있음을 의미하며 최근엔 심리결과 대체로 재산분쟁이 주된 목적이면 기각하고 있다.

이혼이 바람직한 것만은 아니지만 그렇다고 전통적인 가부장적 사회에서 있었던 것처럼 너무 엄격하게 제한할 일도 아니다. 혼인을 강제할 수 없는 것처럼 개인의 자유를 존중하는 의미에서 자유로운 이혼도 보장되어야 한다. 이혼은 혼인 생활이 고통인 사람에게는 속박과 굴레에서의 ‘해방’을 의미한다.

이혼한 경우 재산문제도 현실적으로 매우 중요하다. 남자는 돈을 벌고 여자는 가사에 전념하는 우리 전통 가정에서는 여자명의의 재산이 있는 경우는 매우 드물다. 종래 이혼을 하는 경우에는 여자가 약간의 위자료를 받는 것이 고작이었다. 그런데 십 년 전에 새로 생긴 ‘재산분할제도’는 혼인 중에 부부가 협력해 이룩한 재산을 청산하는 것으로서 노년 이혼 여성의 경제적 지위를 크게 향상시켰다.

하지만 황혼이혼의 증가는 정년퇴직 후 경제적 능력이 없게 된 남성을 크게 위협하고 있다. 가정을 상실한 외로움과 그로 인한 정신적 충격은 남자가 더욱 커서 심지어 자살에까지 이른다는 통계도 있다.

자녀도 다 출가시키고 노후를 자유롭게 지내려는 여성을 탓하는 것이 아니다. 더구나 아직도 처를 무시하는 가부장적 폭력남편인 경우에까지 굳이 가정을 유지해야 한다는 것도 아니다.

그러나 해결의 방법이 꼭 이혼이어야 하는가에 대해서는 주의깊게 생각해 볼 일이다. 인생의 마무리를 그런 방법으로 정리할 수밖에 없는 것인지 깊이 생각해 볼 일이다. 아무리 시대가 바뀌어도 기본적으로 가정중심이어야 한다는 점은 변할 수가 없다.

최근 발표된 조사에서 이혼한 사람의 64%가 이혼을 하려는 사람들에게 꼭 해주고 싶은 말이 "절대 이혼하지 말라"였다는 것은 결혼과 마찬가지로 이혼 역시 신중하게 결정해야 함이 단적으로 드러난 것이다.

또 이혼경험이 있는 400명을 대상으로 벌인 '이혼자의 이혼에 대한 의식 조사' 결과에서 남성의 80%가 이혼에 대해 후회한 적이 있는 반면 여성은 15.5%에 불과하다는 것은 남성들에게 시사하는 바가 크다 할 것이다.

가정은 인간모두의 안식처요 보금자리다. 기본적으로 서로가 사랑하고, 믿고, 존중하며, 참고, 양보하는 마음이 기초가 되어야 한다.

특히 남성의 경우 기존의 생각 틀에서 벗어나야 한다. 아내는 동반자요 반려자이지 학대의 대상이나 편의점물건이 아니라는 점을 인식해야 한다. 서로가 노력해야 한다. 그래야 서로의 노년이 행복하다.

고령화 시대, 노인기피의 핵가족시대에 서로 돕고 또 진정으로 노년의 외로움을 달래주는 것은 '부부'뿐이라는 점을 다시 한번 강조하고 싶다.

잠을 잘 자야

 산업사회의 특징 중 하나는 사람들의 잠이 부족하게 된 것이다.

노인들은 낮에 자면 되지만 젊은 사람들은 그렇지가 않다. 어쨌든 하루 여덟 시간은 자야 한다. 그렇지 않으면 쉬 늙는다.

일반적으로 사람들은 평생에 걸쳐 평균 22만 시간(9,167일)을 잠자리에서 보낸다고 한다. 그러나 인류의 평균 수면시간은 1910년 아홉 시간대에서 1975년에 7.5시간으로 대폭 줄었으며 이런 현상은 여전히 계속되고 있다. 산업화된 나라에서는 전 인구의 3분의 1이 넘는 36%가 만성 또는 급성 수면장애로 고통을 받는다고 미국 수면 연구협회가 보고한 바 있다.

특히 수명과 수면부족은 긴밀한 관계가 있다고 한다. 늘 수면부족에 시달리고 있는 교대제 작업자들의 경우 관심을 기울여야 할 부분이다.

독일 수면의학협회의 발표에 의하면 24시간 생산, 24시간 서비스 체제가 확산되면서 늘어난 야간근무가 각종 질병을 가져와 근로자의 수명을 단축시키고 있다고 한다. 조사결과 전체 근로자 중 야간교대 근무자가 1995년 13%에서 1998년 18%로 계속 늘고 있는 독일의 경우, 야간 근무자의 80%가 수면장애에 시달리고 있으며 60~70%가 신경장애로 고통받고 있다고 한다. 정상근무자의 신경장애 비율인 25%와 크게 차이가 있음을 알 수 있다.

또 규칙적인 생활을 하고 있는 독일의 공무원, 교사, 성직자 등의 평균 수명은 78세이지만 야간교대 근무자의 평균수명은 65세라고 한다. 특히 야간 근무자들은 위궤양, 고혈압, 심근경색 등을 앓기 쉽기 때문이다.

확실한 통계는 없지만 우리 나라 역시 야간 근무자가 크게 늘고 있다. 공장의 24시간 가동, 세계화에 따른 외국기업들과의 업무 연락 등으로 야간근무가 많아지고 컴퓨터 등으로 청소년들도 야간활동을 많이 하고 있다. 야간활동 인구가 늘어감에 따라 24시간 영업하는 서비스 시설들도 늘어가고 있고 이에 따라 많은 사람들이 수면부족에 시달릴 수밖에 없다.

시카고대학 의학센터에서는 잠과 인체와의 상관관계를 새롭게 밝혀내 주목을 끌고 있다. 이 연구팀에서는 "습관적으로 잠이 부족할 경우 인체에서 탄수화물을 처리하거나 호르몬 분비를 규제하는 등의 신진대사기능이 감소돼 당뇨병이나 고혈압, 기억감소 등 나이와 관련된 질병이 일찍 시작될 수 있다"는 논문을 발표했다.

그 동안 수면과 관련한 연구는 주로 수면부족이 뇌에 미치는 영향에 초점이 있었다. 하지만 이 연구는 신체 전반에 미치는 영향을 신진대사와 호르몬 분비를 측정함으로써 밝혀내어 주목받고 있다.

조사 결과 잠이 부족한 사람들은 피에서 포도당 수준이 훨씬 높게 검출되었다. 고탄수화물 식사를 한 뒤 혈당 수준이 조절되는 데 걸리는 시간이 잠이 충분한 사람들에 비해 40%나 더 긴 것으로 나타났는데 이는 당뇨병 환자와 비슷한 수준으로 심각한 대사작용의 변화를 의미한다. 뿐만 아니라 인슐린을 분비하는 능력과 인슐린에 반응하는 능력도 모두 30% 정도 감소하여 당뇨병의 초기증상과 동일한 인슐린 반응이상도 나타났다.

이 외에도 잠의 부족은 다른 호르몬의 생산과 행동까지도 변화시킨다. 특히 점심과 저녁시간에 갑상선호르몬의 분비를 약화시키고 혈액 내 코르티솔(혈당 집중 조절을 돕는 호르몬)의 수준을 증가시키는 것으로 나타났다. 저녁때 코르티솔 수준이 높아지는 것도 역시 노인들의 공통적인 특징이다.

조사에서는 이런 비정상적인 증상들이 충분한 수면을 취한 회복기간 동안에 정상으로 되돌아간 것으로 나타났다. 따라서 하루 8시간 이상의 수면이 정상적인 신체상태를 유지하는데 꼭 필요하다고 강조하고 있다.

미국시민의 13%가 수면 중 악몽을 꾸며, 미국에서 발생하는 교통사고 원인의 절반은 졸음운전에서 온다. 불면증에 시달리는 사람은 잡념이 많고 스트레스에 더 많이 시달리며 피곤하기 때문에 사고발생률이 높게 나타나는 것이다.

잠잘 때는 그 자체만으로도 일정 정도의 치유력이 있으므로 충분한 수면은 건강에 필수적이다. 그런데 노년이 되면 생리적 변화의 하나로 수면시간의 감소가 나타나 노인들을 괴롭힌다. 우선 나이가 들면 잠들기가 힘들어진다. 저녁 늦은 시간이 되어도 별로 졸리지도 않고 또 일단 잠이 들어도 쉽게 깨어난다. 새벽잠도 없어져일찍 눈이 떠진다. 나이가 들면서 잠이 줄어드는 현상은 남녀 모두마찬가지다.

갱년기 여성들이 흔히 밤이면 열이 치솟아 제대로 잠을 이루지못한다고 호소하는데 이러한 수면장애의 근본적 원인은 발열자체가 아니라는 것이 독일의 최근 조사에 의해 밝혀졌다.

독일 내분비학계의 권위자인 프리드리히 후스만 교수는 갱년기 불면증의 원인은 무엇보다도 여성 호르몬인 에스트로겐의 감소에 따른 중추신경계의 변화에서 기인한다고 설명했다. 에스트로겐이 부족한 여성은 깊은 숙면에 이르는 횟수가 현저하게 감소하며 수면의 지속시간도 짧아지고 그 질이 떨어진다고 한다. 이처럼 갱년기 수면장애의 원인은 대부분 호르몬 부족에서 오는 것이므로 수면제나 신경안정제의 사용은 금물이다.

미국 캘리포니아대학 수면장애클리닉 소장인 소니아안콜리 박사는 나이가 들수록 수면이 줄어드는 이유가 노화 그 자체에 있는 것이 아니라 다른 생활상의 이유 때문이라는 색다른 주장을 했다.

그가 조사했던 미국 노인들의 경우 취침 전에 술을 마시는 습관이 있는데, 알코올은 대체로 사람을 졸리게 하여 잠이 쉽게 들게는 하지만 혈중 알코올이 흡수되고 나면 잠이 깨게 된다는 것이다. 또한 흔히 이루어지는 약물복용도 수면장애를 발생시키는 원인을 제공한다는 것이다. 어떤 약은 쉽게 잠이 오게 하거나 어떤 약은 잠이 오지 않게 하는 등 거의 대부분의 약이 수면상의 부작용을 초래하기 때문이다.

서울의대 정신과 정도언 박사는 노년기에 흔히 나타나는 잠의 문제들을 다음과 같이 제시했다.

첫째, 수면 각성 주기의 장애이다.

매일 규칙적인 출퇴근을 되풀이하다 하루아침에 정년퇴직을 하면 자연히 생활의 리듬이 깨진다. 별로 할 일이 없으니 아침에 일찍 일어나는 것이 쉽지 않다. 낮에는 무료한 자신을 달래기 위해 낮잠을 청한다. 심지어 온종일 집에만 있는 경우도 흔히 있다. 이렇게 되면 우리 머리 속에서 수면과 각성을 조절하는 '생물학적 시

계'가 혼돈을 일으킨다. 잠들기가 더욱 힘들어지고 깨어나는 시간
도 일정하지 않다.

둘째, 노년기의 우울증은 잠에 영향을 준다. 그렇지 않아도 깊은
잠이 줄어드는 노년기 수면에 심각한 영향을 미친다.

셋째, 주변의 작은 일에도 쉽게 섭섭해져 신경만 조금 쓰면 잠
이 안 오는 불면증상이 생긴다.

넷째, 나이가 들면 호흡근육의 힘이 줄어들어 수면 무호흡증이
나타난다. 특히 코를 심하게 골고 무호흡이 한 시간에 5회 이상 반
복되면 전문가의 진찰을 서둘러 받아 보는 것이 좋다. 수면 무호흡
증은 고혈압, 심장마비, 중풍, 인지기능장애, 우울증과도 연관되므
로 조기 진단이 중요하다.

다섯째, 관절염 등 여러 신체질환으로 인해 잠을 설치는 경우가
흔히 있다.

여섯째, 다른 병의 치료를 위해 복용하는 약물이 수면장애를 일
으키는 경우도 있다. 따라서 자신이 복용하는 약물이 수면에 영향
을 일으킬 수 있는지 잘 알아보아야 한다.

일곱째, 수면제를 복용하다가 갑자기 끊는 경우 '반동성 불면증'
이 나타날 수 있으므로 조심해야 한다. 의사처방 없이 살 수 있는
'잠 오는 약'의 경우 대개 항 히스타민 성분이 다량 함유되어 있어
몸과 마음의 기능에 영향을 주기 때문이다.

이 외에도 낮에도 졸리고 판단력의 장애를 일으키거나 넘어져
골절이 되는 경우도 있다. 불면증에 시달리게 되면 낮 시간 동안의
활동에도 큰 지장을 받는다.

불면증을 없애기 위한 방법으로는 부족한 잠을 보충하기 위해
일찍 잠자리에 들지 말고 오히려 더 늦게 잠을 청하는 것이다. 독
일의 정신과 전문의 디터 리만 박사는 병적인 불면증까지도 이러

한 방법으로 해결할 수가 있다고 밝혔다. 예컨대 수면장애로 평균 네 시간 밖에 잠들지 못하는 사람이라면 그 만큼의 시간만 잠자리에 누워 있도록 한다. 그리고 나서 매주 삼십 분 정도씩 그 시간을 늘려 가면 만족스러운 수면습관을 가질 수 있게 된다는 것이다. 이러한 요법들은 우울증 또는 알쯔하이머증 환자들에게 유용하다. 또한 그는 수면의 질을 좀 더 높이려면 무엇보다도 먼저 자명종시계를 멀리 치우라고 충고한다.

그러나 이렇게 생활태도를 바꾸는 것 외엔 의학적으로 마땅한 불면증치료법이 제시되지 않고 있어 지금도 인류의 삼분의 일은 수면장애를 겪고 있다.

불면증이 있을 때 거의 대부분 제일 먼저 수면제를 복용하는 방법을 떠올리지만 이는 좋은 해결방법이 아니다. 불면의 원인을 찾아내서 그것을 치료하는 것이 중요하다. 더불어 인지-행동요법 등의 비 약물적 치료를 시행해야 한다. 물론 수면제나 항 우울제 등을 보조적으로 사용할 수 있으나, 전문가 처방 하에 신중하게 사용해야 약물의존을 예방할 수 있다.

이와 같은 노력에도 불구하고 잠이 안 오거나 밤에 깨어있는 시간이 많다고 해도 걱정할 것은 없다. 차라리 잠자는 시간을 줄여 나가는 것도 한 가지 방법이다. 더 늦게 자고 더 빨리 일어나기를 반복하면 수면효율이 증가해 더 빨리 잠들게 된다.

또한 호흡을 안정시키고, 맥박 수와 혈압을 떨어뜨리며, 근육을 이완하고, 쓸모없는 생각을 줄이는 이완요법을 하루 1~2회, 10~15분씩 시행하는 것도 큰 도움이 된다. 이 방법의 대표적인 것이 참선, 명상, 요가, 단전호흡 등이다. 그리고 주말이라고 해도 늦잠을 자는 일은 좋지 않다. 불면증은 평소 노력 여하에 따라 반드시 고칠 수 있다.

잠을 잘 자는 것은 하나의 복이다. 그 복은 각자의 노력여하에
따라서 누릴 수가 있다.

노년기 수면건강을 위한 9가지 지침

- 아침 기상시간을 일정하게 유지한다.
- 낮잠은 가능하면 피한다. 불가피한 경우 일정한 시간대에 낮잠을 청하는 것이 좋다.
- 규칙적 운동은 숙면에도 도움을 준다. 특히 운동하며 받아들이는 아침 햇빛은 우울증 치료에 도움이 된다.
- 잠들기 위해 마시는 '취침전 한 잔'은 궁극적으로 수면의 질을 떨어뜨린다. 알코올이 대사되면서 자주 깨고 깊은 잠이 줄어든다. 또한 알코올중독의 위험이 있고 특히 코를 심하게 고는 경우 수면성 무호흡증을 유발할 수 있다.
- 저녁에는 커피 등 중추신경계를 흥분시키는 카페인 함유 식음료를 금한다.
- 잠들기 전 따뜻한 우유를 마시면 숙면에 도움이 된다.
- 담배는 니코틴의 각성작용으로 숙면을 방해한다.
- 조용하고 안락한 침실 분위기를 마련한다. 잠이 덜 깬 상태에서의 사고방지를 위해 전기 스위치는 쉽게 찾을 수 있는 곳에 설치한다.
- 잠이 안 오는 경우 침실에 누워 잠을 청하려 애쓰면 오히려 불면증에 걸린다. 누워서 약 15분 정도가 지나도 잠이 안 오면 차라리 거실에 나가서 조용히 앉아 있다 다시 졸릴 때 들어오도록 한다.

물을 마시자

요즈음은 물 마시기가 겁난다.

뉴스시간에 상수원에 온갖 쓰레기가 떠 있고 한강 상류에 물고기가 떼죽음을 당해 처참한 모습을 하고 있는 것을 보면 도저히 물 마실 용기가 나질 않는다. 수돗물을 안심하고 마셔도 좋다며 캠페인 하지만 그렇다고 옛날 우리가 자랄 때처럼 옹달샘에서 바가지로 퍼마시듯 할 수는 없다.

그래도 마셔야 산다. 그래서 집집마다 사무실마다 생수통을 놓고 산다. 물이 모든 것을 좌우한다. 그러나 마음대로 마실 수가 없다. 그것은 우리에게 불편이 아니라 비극으로 다가오고 있는 것인지도 모른다.

예로부터 좋은 물은 장수의 비결로 통해 왔다. 세계적인 장수촌의 사람들은 무엇보다도 각종 미네랄이 풍부하게 들어 있는 천연물을 마시고 있음을 첫째로 꼽을 수 있다. 물 좋기로 세계 최고라는 남부 러시아의 코카서스 지방 사람들은 엘브르스산의 만년설에서 흘러나오는 물을 마시고 산다. 파키스탄 북부의 훈자 지방이나 에콰도르의 빌카밤바 같은 장수촌사람들도 한결같이 좋은 물을 마시고 있다.

비록 장수촌에서 나오는 물은 아니더라도 일상생활에서 물을 많이 마시는 것이 건강을 지키는 방법이다. 늘 적당량의 물을 마셔 인체에 알맞은 수분을 공급하는 것은 각종 질병예방과 노화방지에 분명히 효과가 있다.

우리의 몸은 갓난아이의 경우 체중의 80%가 수분으로 구성돼 있다. 성인이 되면서 남성은 체중의 60%, 여성은 55% 정도로 줄어든다. 또 노인이 되면 수분은 더욱 감소되어 체중의 50% 이하까지 내려간다. 노화될수록 몸 안의 수분은 30% 이상이 줄어드는 셈이다.

몸 속 수분과 관련이 있는 주요 질환은 방광염, 신장염, 요도결석, 변비, 기관지천식, 관절질환 등이다. 나이가 들어 피부에 주름이 생기는 것도 피하조직에 수분이 감소하여 위축되기 때문이다.

특히 세포 내에 수분이 감소되면 칼륨이 결핍되기 쉽고 나트륨 농도가 짙어져 신경계와 근육의 이상증상이 나타나 근력저하·근육경련마비 등을 일으키게 된다. 이런 증상은 규칙적으로 적당한 양의 수분을 보충해 줌으로써 어느 정도 예방할 수 있다.

방광은 우리 몸의 노폐물이 가장 많이 모이는 곳으로 소변 속의 요소·수산칼슘·크레아틴·암모니아·아미노산 등 20여가지 물질이 모여 세균이 번식하기도 쉽고, 수산칼슘 등이 배설과 혈액순환을 방해하며 류머티스의 원인이 되기도 한다. 이런 물질은 적당량의 수분흡수로 배뇨를 통해 빠져나가도록 해야 한다.

잠들기 전과 아침에 일어나 바로 물을 한 컵정도 마시면 건강에 좋다. 잠자기 전에 물을 마셔 수분을 보충해주면 피부와 호흡기를 통한 수분배출로 기관지 점막이 마르는 것과 혈액이 농축되는 것을 막아준다. 아침에 바로 마시는 물은 쉬고 있던 내장을 일깨워 위장기능을 튼튼히 함은 물론 배설기능을 돕는다.

특히 수분섭취가 밤사이에 중단되어 새벽녘에는 체내 수분량이 크게 떨어지므로 공복상태에서 운동으로 많은 땀을 흘리는 것은 위험하다. 때문에 잠자기 전과 새벽에 물을 마시는 습관을 기르는 것이 좋다.

노인들은 항(抗)이뇨호르몬의 기능 역시 현저히 떨어져 콩팥의 사구체에서 걸러진 소변이 세뇨관을 거치는 동안 수분이 체내에 흡수되지 못하고 그대로 배설되므로 수분부족을 겪는다.

당뇨병 환자 역시 포도당이 배설될 때 수분이 함께 빠져나가는 삼투성 이뇨현상을 보이므로 틈틈이 물을 마셔야 하고 특히 여름철에는 수분관리에 신경을 써야 한다.

스트레스를 받고 초조해지거나 위기에 몰릴 때 물을 마시면 크게 도움이 된다. 물에는 진정작용이 있어 마음을 가라앉히고 통합능력과 판단력을 회복시켜 준다. 건강의학자들은 하루 7~8잔의 생수를 마실 것을 권장하고 있다.

모든 식품은 50% 이상이 물로 구성되어 있으므로 식사전후에 마시는 물은 적은 양으로도 좋다. 물을 마시는 요령은 아침에 일어나서 두 잔, 오전 오후에 각 두 잔 그리고 취침 전 한 잔을 마시는 게 좋다. 특히 아침에 일어나자마자 마시는 생수는 위장청소와 더불어 소화기능을 활성화시킨다. 변비예방과 치료에도 특히 효력이 있다. 물을 마시고 가볍게 뛰는 운동을 몇 달만 해도 몸이 가벼워지고 겉모습이 달라져 보이게 된다.

전문가들은 노인들이 목욕이나 운동을 하다 땀을 많이 흘리고 갑자기 쓰러지는 것은 대부분 여름철 수분관리를 소홀히 했기 때문이라고 지적한다.

뇌의 시상하부에 있는 갈증중추는 인체에 수분이 부족하면 갈증을 느끼게 해 수분이 필요하다는 신호를 보낸다. 그러나 노인들은 노화현상의 하나로 갈증중추의 기능이 크게 떨어져 땀을 많이 흘리더라도 갈증을 덜 느끼게 되고 수분을 필요량보다 적게 섭취해 체내 수분량이 항상 부족하게 된다. 이런 상태에서 특히 동맥경화증이 있는 노인들이 운동 등으로 땀을 많이 흘리면 혈중 수분량은 더욱 떨어져 혈액의 농도는 높아지고 혈관에 노폐물이 쌓여 혈압이 올라간다. 혈액 농도의 증가는 심하면 관상동맥경화나 뇌혈관이 막히는 혈전증(血栓症)을 일으킨다. 이를 막기 위해 노인들은 특히 여름철에 운동이나 목욕을 하기 전 반드시 한 컵 이상의 물을 마셔야 한다.

여름철 갈증해소에는 온도가 2~8도(지하수 15도)인 찬물이 알맞다고 한다. 한국식품연구소의 유의형 박사는 갈증해소 지속시간이 드링크류의 경우 30~40분에 그치는데 비해 찬물은 5~6시간 지속된다고 한다. 그러나 위장이 약한 사람은 4도 이하의 찬물이 위벽을 자극할 경우 위장의 움직임이 갑자기 활발해져 설사를 일으킬 수 있으므로 주의해야 한다. 물을 한꺼번에 많이 마시는 것도 배탈을 일으키기 쉬우므로 주의해야 한다.

물은 되도록 오염되지 않은 지하수(샘물) 같은 자연수가 좋다. 끓여서 마시는 경우도 있는데 이는 녹아 있는 다른 미량원소들이 없어지게 될 가능성이 있어 최상의 방법이라고는 할 수 없다.

식사하기 전에 물을 너무 많이 마시면 오히려 식욕이 떨어지고 소화기능이 저하될 수도 있다.

물은 다른 음식물과는 달리 마시는 즉시 장으로 내려가므로 한 번에 많은 물을 마시면 체내에 흡수되고 남은 잔류량이 장(腸) 주변의 염분을 흡수하면서 그대로 배설된다. 이때 설사나 탈진을 일으키므로 한번에 500cc를 넘지 않는 것이 좋다. 또한 너무 많은 물을 마시면 콩팥에 부담을 주기도 한다.

특히 항이뇨호르몬이 과다 분비돼 소변량이 적은 폐렴, 뇌막염 환자들은 여름철에 물을 많이 마시면 체내 수분량이 너무 많아져 혈액중의 과다해진 수분이 삼투압작용으로 뇌세포를 빠져나가며 혼수상태에 빠질 수도 있다.

그러면 하루 얼마만큼의 물을 마셔야 우리 몸에 좋은가.

학자에 따라 약간의 차이가 있기는 하지만 대체로 성인의 경우 하루에 필요한 수분의 양은 음식물을 통한 흡수 이외에 별도로 1.5~2 ℓ 정도라고 한다. 이 분량은 보통 캔 음료수 6~7개의 분량이다. 여름에 눈에 보일 정도로 땀을 흘리면 1~2 ℓ 의 수분이 빠져나가므로 3~4 ℓ 의 수분을 섭취하게 된다. 성인이 보통 하루에 음식물을 통해 섭취하는 수분의 양은 2~2.5 ℓ 정도라고 한다.

물론 사람의 체질에 따라서 어느 정도 차이가 있다. 그리고 한꺼번에 많은 양을 마시는 것보다 조금씩 자주 보충하는 것이 좋다. 즉 물이 좋다고 하더라도 자신의 몸에 알맞게 마셔야 한다.

물 마시는 것까지 너무 따지고 과학적일 필요가 있겠느냐는 생각도 들지만 자연스런 느낌이 곧 과학이기도 하다는 생각으로 들어 둘 필요가 있을 것 같다.

오래 살려면 적게 먹어야

나이가 들면서 뇌세포가 줄어들고 눈이 침침해지고 듣는 힘도 약해진다. 미각이 떨어지니 음식 맛도 잘 모르게 된다.

이처럼 미각세포가 줄어드는 것은 모르고 며느리 음식솜씨만을 탓하게 된다. 옛날에 먹던 된장찌개나 보쌈김치의 맛이 향수를 불러일으키고 요즈음 젊은것들은 늙은이들에게 정성이 부족하고 성의가 없다고 짜증내기 일수다. 그러나 따지고 보면 오히려 오늘날의 그 음식들이 옛것에 비해 훨씬 맛있게 개발된 것이다. 따라서 긍정적이고 즐거운 마음으로 음식 먹는 방법자체를 바꿔나가는 것이 필요하다.

홍문화 박사는 노인의 건강비법으로 '일소 오다(一小 五多)'를 들고 있는데 가장 중요한 것은 소식(小食)이라 했다. 조금씩 그러나 맛있게 먹어야 한다. 오다(五多)는 몸을 많이 움직이고, 여러 사람과 즐겁게 어울리며, 지난 일에 너무 얽매이지 말고 잊을 것은 잊고 다만 현재에 충실하며, 배설을 잘하고 충분히 쉬는 것이다.

통계청이 발표한 '고령인구실태조사'에 의하면 장수비결로써 35.7%가 규칙적인 생활을 꼽았고, 다음이 채식 21.3%, 소식 14.9%였다. 여기서 채식은 소식과 깊은 관계가 있음을 알 수 있다.

노인에게 과식은 늘 나쁘지만 특히 저녁에 과식하는 것은 더욱 좋지 않다. 저녁을 과식하면 흔히 속이 더부룩하고 가슴통증이 이어지면서 밤잠을 이루지 못하는 경우가 생긴다. 이럴 때는 왼편으로 누워 잠을 청하는 것이 좋다. 왼편으로 누우면 위(胃)내용물의 식도역류와 이에 따른 가슴통증이 현저히 완화된다.

이러한 가정요법의 효과는 의학적으로도 입증된 것이다. 사람들에게 특별히 기름진 식사를 하게 하고 4시간 동안 왼쪽 또는 오른쪽으로 누워 있게 한 후 식도내의 산도(酸度)를 측정한 결과 왼쪽으로 누워있던 그룹의 산도는 현저히 낮은 반면 오른편 자세를 취한 그룹은 과도한 식사의 소화에 훨씬 많은 시간이 필요했다는 실험결과도 있다.

요컨대 과영양상태는 비만과 이에 따른 각종 질병을 가져오게 되고 결과적으로 수명을 단축시키는 중요한 원인이 된다. 따라서 식사량은 줄이되 필수영양소의 섭취를 충분히 하는 것이 장수에 좋다.

사람은 정상적인 음식의 양을 60%까지 줄일 수 있다고 한다. 서울대의대 박상철 교수는 현재 지구상에 존재하는 장수촌들은 소식이 특징이라고 하며 소식이야말로 노화 방지와 장수의 기본조건이며 오래 살고 싶다면 먹고 싶은 양의 70%만 먹으라고 권고하기도 했다.

한편 무엇을 먹느냐 하는 것도 중요하지만 무엇을 어떻게 먹느냐 하는 것은 더욱 더 중요하다.

먼저 잘 먹는 것은 "많이 먹지 말고 잘 씹어 먹자" 라는 말로 표현할 수 있다. 즉 음식을 잘 씹어 먹어야 한다는 것은, 위의 부담을 덜어 준다는 점도 있지만 침을 많이 삼킨다는 점을 강조하고 있는 것이다. 일본의사의 연구결과에 의하면 씹는 운동은 대뇌의 혈류를 원활히 해주기 때문에 머리를 좋게 만들어 준다고 한다.

둘째로 많이 먹는 것은 적게 먹는 것만 못하다.

흔히 알칼리성 식품은 얼마든지 먹어도 된다고 생각하기 쉽다. 알칼리성 식품은 혈액을 혼탁하게 하지 않으므로 만병의 근원이 되는 산독증에 안 걸릴 것이라고 생각한다. 그러나 알칼리식품도 많이 먹으면 산성화한다는 사실을 유념해야 된다. 이는 자동차의 엔진에 휘발유를 마구잡이로 보내게 되면 불완전연소로 인해서 연기만 나게 되는 이치와도 같다.

건강에 좋은 현미도 많이 먹으면 백미 이상의 해가 생기고, 3대 영양분도 과다 섭취하면 좋지 않다. 전분질을 많이 먹으면 몸속에 초성포도산이나 유산이 생긴다. 단백질은 저장이 불가능하기 때문에 과잉이 되면 완전히 분해되지 않은 채 요산이 되기도 한다.

더욱이 동물성 단백질의 경우 유산·인산 등의 강산이 생긴다. 지방을 과잉 섭취하면 약산·아세트주산·유산초성포도산 등이 생기고 그것이 동물성지방일 때는 콜레스테롤이 혈관에 침적하게 되어 뇌졸중 등의 원인이 된다. 좀 모자란다 싶게 먹으라던 옛 선인들의 가르침이 틀린 말이 아님을 알 수 있다.

소식은 노년층에게나 좋은 것 아니냐는 의문을 갖는 경우도 있는데 그렇지 않다. 특히 중년층이 되면서 소식(小食)은 매우 중요한 건강비법이다. 소식은 각종 질병을 억제하고 지연시킨다.

특히 성장이 정지된 성인은 생활유지에 필요한 영양소만 섭취하는 것이 건강에 좋다. 그러나 성장기에 있는 사람에게는 성장저하나 빈혈 등을 유발할 수 있으므로 반드시 성장을 멈춘 30대 이상의 중·장년층에서 실행하는 것이 바람직하다.

이와 같은 사실은 실제로 소식을 실시한 각종 실험에서도 그 효과가 증명되고 있다. 미국 텍사스주 산안토니오대학의 보건과학연구센터에서는 동물실험 결과 적게 먹는 것이 노화와 질병을 억제하는 데 효과가 있음을 알아냈다. 연구팀은 생후 6주된 쥐를 대상으로 마음껏 먹도록 하는 자유식과 40% 정도 양을 줄인 제한식군(群)으로 분류, 실험한 결과 제한식군의 효과를 확인하였다. 특히 제한식군에서는 나이를 먹어도 육체적인 활동과 외모, 신진대사 등이 거의 쇠퇴하지 않았다고 한다.

일본이 세계 최장수국인 이유는 의학발달에도 원인이 있지만 일본 민족 특유의 소식하는 습관과 관련이 있을 것이다.

적게 먹는 것과 안 먹는 것과는 다르다. 특별히 일정기간 동안 단식을 하는 것이 몸 속의 유독물질을 대청소하고 혈액을 정화하여 병에 대한 저항력을 높이는 등 많은 효과를 줄 수 있다. 그러나 결식(缺食)자체는 소식처럼 건강에 좋은 방법은 아니다.

건강보조식품 과신 말자

요즈음 TV뉴스를 보면 건강보조식품과 관련된 것이 종종 나온다. 그럴듯하게 선전해서 구매했지만 할부금 때문에 고민하는 사람도 많고, 먹어 보니 별로 효과도 없을 뿐 아니라 경우에 따라서 부작용을 호소하는 사례가 허다하다.

우리나라 건강보조식품 시장은 한해 2,500억원 규모로 추산되고 있다. 1998년 1,862억원이던 것이 1999년에는 2,445억원으로 31.3%나 성장한 것이다.

현재 국내에서 유통되고 있는 건강보조식품 가운데 정제어유가공식품, 로얄젤리, 효모식품, 화분가공식품, 스쿠알렌식품, 효소식품, 유산균식품, 소맥배아유, 달맞이종자유, 대두레시틴가공식품, 옥사코사놀, 알콕시글리세롤, 포도씨유, 식물엑기스 발효식품, 단백질가공식품, 엽록소가공식품, 버섯가공식품, 알로에제품, 매실가공식품, 해조류가공식품, 칼슘함유식품, 자라가공식품 등 22종이 보건복지부 허가품목으로 되어 있다.

그러나 실제로 이보다 훨씬 더 많은 건강보조식품이 판매되고

있는 것으로 알려져 있다. 노인인구의 증가와 경제발전으로 건강
보조식품에 대한 수요가 폭발적으로 증가하기 때문이다. 고령화사
회를 겨냥한 식품관련업체들의 전략으로 현재 백이십여개 제조업
체에서 팔백여개의 품목이 그야말로 쏟아져 나오고 있다.

고령자들의 식사 자체는 대체로 보통사람들과 그다지 다르지 않
지만 나이를 먹음에 따라 면역기능도 떨어지고 병도 많이 생기기
마련이어서 특별한 식품을 찾기 때문이다.

건강보조식품의 규모를 그 기능에 따라 구분, 예측해 보면 현재
정장작용, 콜레스테롤 저하작용, 고혈압예방, 저칼로리, 식이성섬유
등의 기능을 갖는 제품의 시장규모가 가장 크다. 향후 당뇨병예방
이나 과산화지질 생성억제의 효과가 있는 제품의 수요가 확대될
것으로 보이며, 장기적으로는 항종양, 면역부활의 기능을 갖는 제
품이 시장을 주도할 것으로 예상된다.

전문가들은 특히 식품의 형태와 효능·효과 측면에서 일반식품
보다는 한 차원 높은 기능을 갖고 있으면서 의약품과는 달리 특별
한 처방이 거의 필요없는 건강보조식품에 대한 수요가 앞으로 지
속적으로 신장할 것으로 내다보고 있다.

이와 관련하여 제품선택에 대한 주의가 함께 따라야 한다는 지
적도 높다. 일본의 노인들은 일본건강식품협회가 지정한 35종의
건강식품을 즐겨 찾고 있다고 한다.

우리 나라에서도 제품을 엄격히 심사하여 추천할 수 있는 제도
적 장치가 필요할 것으로 본다. 그것은 최근 건강에 대한 국민의
관심이 커진데다 법규정이 일부 느슨한 점을 악용, 일부 건강보조
식품 제조업체들이 자사 제품을 '만병통치약'으로 과대 선전하거나
심지어 허위광고까지 일삼고 있는 경우도 있기 때문이다.

상당수 업체들은 효능·효과가 제대로 입증되지 않은 건강보조

식품이 마치 모든 질병이나 피부관리, 체중감소 등에 탁월한 효과가 있는 것처럼 과대 또는 허위 광고하여 소비자들을 현혹시키거나 건강보조식품을 무조건 과신하게 만들기도 하고 심지어 부작용마저 낳고 있는 실정이다. 한국소비자보호원이 발표한 바에 의하면 건강보조식품을 섭취한 뒤 부작용을 경험한 소비자가 늘고 있으며, 특히 식중독증세, 피부질환, 위장장애 등의 현상이 나타난다고 경고한 바 있다.

그렇다고 너무 지나치게 법으로 규제하여 이 분야의 산업이 위축되게 하는 것 또한 바람직한 정책이 아니다. 따라서 건강보조식품의 건전한 발전·육성을 위해 엄격한 품질검사를 실시하는 한편 검사기구의 시설과 인력을 보강해 업체들로 하여금 사전검사제도에 의한 불이익과 애로를 겪지 않도록 하고, 단순한 규제가 아닌 적극적 육성차원의 행정조치가 뒤따라야 한다.

건강보조식품이 아무리 몸에 좋다고 하더라고 어디까지나 '보조적인' 기능을 가질 뿐이다. 가장 중요한 것은 우리가 늘 먹는 음식을 영양을 골고루 갖추어 섭취하는 것이다. 이를 위해 올바른 식생활을 하도록 노력해야 한다. 몸이 약해질수록 일상생활에서 해결하기보다는 특별한 곳에서 해결하려고 하는 경향이 있는데 이는 잘못이다. 때문에 우리가 매일 매일 섭취하고 있는 음식물에서부터 체크하고 잘못된 부분을 고쳐나가야 할 필요가 있다.

그러므로 적당한 음식물의 섭취와 운동으로 건강을 조절해나가야 한다. 그리고 나이가 들수록 몸이 조금만 불편해도 곧 죽는 것 아닌가 하고 불안해 하는데 그럴 필요가 없다. 무엇보다도 정신적인 건강이 육체의 건강을 지킬 수 있다는 생각을 가져야 한다.

치매를 예방하자

나이가 들면 기억력이 감퇴된다. 조금 전에 자기가 컵을 어디다 두었는지 금방 잊어버린다. 안경을 손에 들고 안경을 찾는다고 집안을 헤맨다. 나이가 들었으니 자연스런 현상이라고 그냥 넘어 가는 것이 보통이다.

그러나 최근 정신의학계에서는 이제까지 일반적인 노화현상으로 받아들여졌던 노인들의 건망증이 치매와 관련이 있다고 발표하였다. 학술명으로는 '노인성 기억장애'인 이 건망증은 지금까지는 치매와 다르다는 것이 정설이었다.

연구 결과에서 보면 건망증 증세를 보였던 노인들 중 30~40%가 치매로 진행된다고 한다. 한림대 의대 연병길 교수는 외국통계를 바탕으로 노인성 기억장애 환자 503명을 2년간 추적한 결과 그 중 40%가 알쯔하이머병으로 진행되었음을 밝혔다.

다만 서서히 진행되기 때문에 환자 자신은 그것을 질병으로 심각하게 생각하지 않는다는 것이다. 치매에 걸리면 모든 사회활동을 중단하게 되지만 노인성 기억장애에 걸린 사람들은 사회활동을 해나갈 수 있기 때문이다.

노인성 기억장애에 걸린 환자들은 기억력, 학습능력, 집중력, 주의력, 판단력, 사고력, 언어사용능력 등 정신기능이 저하된다. 대부분 60대 이상의 고령에게 나타나는 게 일반적이지만 40대 후반에도 나타날 수 있다. 남성보다는 여성에게 건망증 증상이 심한 편인데, 기억력과 연관이 있는 에스트로겐 분비가 급격하게 떨어지면서 기억력이 감퇴되고 우울증이 발생하게 된다.

건망증이 치매로 발전된다는 건 참으로 심각한 일이다. 건망증으로 시작되는 뇌 기능의 약화는 그 증상이 가벼울 때는 별 문제가 없으나 치매로 발전되면 본인은 물론 가족 등 주위의 여러 사람들을 불행하게 할 수 있다. 전세계 65세 이상의 노인 중 약 8%가 인격을 상실한 상태의 치매에 걸려 있다고 한다.

치매의 대부분은 노망으로 불리는 알쯔하이머병이다. 21세기 인류의 최대 보건과제로 부각되고 있는 알쯔하이머병이란 과연 무엇인가.

독일의 신경의학자 알로이 알쯔하이머가 20세기초 56세로 숨진 한 여인의 뇌 부검조직에서 특징적인 소견을 발견했을 때만 해도 매우 드문 병의 하나로만 받아 들여졌었다. 뇌의 퇴행성질환이기도 한 이 병은 기억력 감퇴로부터 시작해 일반적인 정신질환 증세를 보이는 것이 특징으로 정상적인 노화과정으로 볼 수 없고 현대의학으로도 치료가 불가능한 치명적인 질병으로 알려져 있다.

기억력 장애를 초기증상으로 일단 병이 진행되면 판단이 흐려지고 사람을 못 알아보거나 의심이 많아지다가 결국에는 걷고 말하고 음식을 먹는 기능에 장애가 와서 사람이라는 빈 껍질만을 유지하다 보통 발병 후 5년 안에 죽음에 이르게 된다.

현재 우리 사회에서는 노인성치매를 정상노화과정과 구분하지 않아 결국 병이라고 생각지 않고 있으며 디구나 효도의식과 가족 간의 책임감이 강조되면서 이 병은 겉으로 드러나지 않고 있는 실정이다. 일단 발병이 되면 인간을 비인간적인 모습으로 황폐화시켜 환자 자신은 물론 가족전체를 무력하게 만든다. 특히 환자를 돌보는 가족의 경우 감당 못할 각종 스트레스로 인해 면역기능이 저하되어 질병에 잘 걸린다는 보고도 있다. 그야말로 노후를 두려워하게 하는 공포의 질병이 아닐 수 없다.

현재 일본에는 치매성 노인인구가 65세 이상 노인의 10%, 85세 이상은 47%로 보고되고 있다. 우리나라의 치매노인이 얼마나 되는가하는 정확한 통계는 없으나 경미한 수준까지 포함할 경우 치매상태에 있는 노인 수는 약 30만 명에 이를 것으로 추정된다.

최근 미국을 중심으로 각국에서 치매에 대한 연구가 활발하고 또 신약을 개발하는 중이라는 보도가 가끔씩 나온다. 머지 않아 획기적인 치료약이 나올터이지만 현재로선 이에 대한 예방을 철저히 하는 것이 우선이라 할 것이다.

나이가 많을수록 치매에 걸리는 비율이 반드시 높은 것만도 아니고 또 그 증상이 심화되는 것도 아니다. 평소 건강관리를 잘하고 특히 뇌의 기능을 유지하려 노력하고 정신적으로 건강한 생활습관과 환경에 유의하면 늙어도 치매의 공포에서 벗어날 수 있다.

그리고 소홀하게 생각했던 기억력 감퇴를 예방하는 일이 중요하다. 단순한 건망증이라고 넘어 갈 수 있는 경우라도 시정하려는 노력을 하면 치매로 진행되는 것을 막을 수 있다. 노인성 기억장애를 예방하고 치료하기가 쉬운 것은 아니다. 서서히 죽어 가는 신경 세포를 재생시키는 약물이 아직 완성되지 않았기 때문이다.

독일 구텐베르크대학의 위르겐 볼 박사는 심리적으로 스트레스와 불만이 크면 치매를 가져오기 쉽다고 경고한다. 만족스럽지 못한 생활은 알쯔하이머 병에 걸릴 확률을 높이며, 스트레스는 정신 능력을 붕괴시키는 요인이 된다. 미국 의학계의 연구에서도 직장 생활의 만족과 은퇴 후 주변과의 조화 있는 생활이 건강한 정신을 유지시키는 원동력이라고 발표하기도 했다.

한강성심병원의 서국희 교수에 의하면 기억력 장애는 아세틸 콜린의 부족에서 발생하므로 아세틸 콜린의 분해를 억제하는 타크린, 도네페린, 가란타민 등을 복용하는 것도 치매를 예방하는 데 좋은 효과를 볼 수 있다고 한다.

올리브유 같은 불포화 지방산을 다량 포함한 지중해식 식사, 카페인, 딸기, 시금치 등 항산화제가 풍부한 음식, 비타민 B6, B12, 은행나무 잎에서 추출한 징코 비로바 등이 건망증 증상이 있는 노인의 건강에 도움을 주는 것으로 외국의 역학 조사 결과 밝혀졌다. 이밖에도 뇌의 기능과 관련해서 노화의 영향을 감소시키는 방법들이 계속 연구되고 있다.

뇌 운동의 기본법칙은 몸의 다른 근육에 적용되는 법칙과 비슷하다. 사용하지 않으면 기능을 잃어버린다. 뇌는 전기화학적인 과정을 거쳐 움직이며 기억을 포함한 정보가 신경세포에서 나뭇가지처럼 뻗어 나온 '수지상 돌기'들을 지나간다. 이 수지상 돌기들은 자주 사용하지 않으면 위축되는 경우가 있다.

그러나 뇌를 새롭고 창조적인 방법으로 계속 사용하면 수지상 돌기의 연결점들이 계속 활동하면서 정보가 지나갈 수 있도록 길을 터 준다. 심지어는 신경세포가 죽어버리더라도 새로운 수지상 돌기가 만들어지는 경우도 있다. 전문가들은 수지상 돌기를 자극해서 더 많은 수지상 돌기가 생겨나도록 하는 방법이 있다고 한다.

예를 들면 평소에 잘 쓰지 않던 손으로 이를 닦는 등 일상적인 행동에 변화를 주거나, 아니면 악기 연주나 외국어를 새로 배우는 것 등이다.

또는 오래 전부터 사용해온 뇌를 자극하는 방법도 있다. 듀크 대학의 신경생물학 교수인 로렌스 캐츠 박사는 수수께끼나 어려운 문제를 푸는 것은 새로운 수지상 돌기들을 만들어내기 위한 의식적인 노력이며, 잠자고 있는 정보의 통로들을 강화시키는 좋은 방법이라고 말했다. 최자혜 박사도 노인성치매를 방지하려면 신경세포를 계속 활발하게 활동시켜야 한다고 권고하고 있다.

때문에 나이가 들어도 눈을 써서 관찰하는 일을 게을리 해선 안된다. 밖에서 체내로 들어오는 감각정보를 젊은 시절보다 줄여서는 안된다. 그러기 위해선 바깥세계의 소식과 라디오, TV와 신문, 책 등을 부지런히 읽거나 들어야 한다. 그리고 그 감각정보를 기억에 간직하여 생각하는 재료로 이용해야 한다.

부지런히 말하고 팔다리도 부지런히 쓴다. 나이가 들면 움직이는 속도가 더디어지고 근력도 적어지는 것은 부득이하므로 움직이는 시간을 늘려야만 젊은 시절과 운동량이 같아진다. 뇌의 어느 부위나 젊은 시절처럼 온통 써야 한다.

또한 매일 매일 규칙적인 운동으로 심신을 단련하고 늙어서도 독서와 사색을 해야 한다. 여유와 너그러움을 갖고 매사를 긍정적으로 생각하고 다른 사람을 이해하려는 노력을 하면 심신이 건강해진다. 이런 노력은 노화를 방지하고 기억력감퇴를 예방하는 데 크게 도움이 된다. 그리고 노인성치매가 진행된다고 해도 초기에 노력하면 크게 효과를 볼 수 있다.

이처럼 개인적인 노력도 필요하지만 각종 시설과 전문적인 프로그램에 의해 조직적으로 치매를 예방하기 위한 프로그램이 지속돼야 한다.

우리 나라에서도 최근 들어 치매노인 보호와 치료 그리고 예방

을 위한 시설을 늘리고 시책들을 펴고 있으나 아직 충분치는 못하
다. 우선 예방을 위하여 각 노인정이나 노인회관, 종합복지관, 노
인대학 같은 시설에서 모든 노인에 대하여 프로그램을 실시해야
한다. 치매노인을 위한 전문치료약 개발, 치매노인보호소, 전문병
원, 요양소 등 치매이후시설도 중요하지만 치매를 예방할 수 있는
사업을 전국적으로 실시해야 한다.

선진국일수록 이러한 사업에 예산을 미리미리 준비하는데 우리
는 아직 그렇지 못해 안타깝다. 고령화 사회에 반드시 해야 할 일
들을 하지 않으면 언젠가 더 큰 부담과 문제를 안겨 줄 것이다.

음악 치료

최근 들어 우리 나라에서도 '음악치료'란 말을 종종 들을 수 있다. 의학계에서도 음악치료를 본격적으로 연구하고 있고 임상에서도 크게 효과를 보고 있다.

특히 노인들에게 음악을 가르치면 그들이 느끼는 불안이나 우울, 외로움 등을 줄여 줄 수 있다고 한다. 마이애미대학 등 미국 내 5개 대학과 스웨덴 카롤린스카의학연구소는 130명의 은퇴한 노인들을 대상으로 음악 수업을 실시하여 건강과의 상관관계를 공동으로 연구했다.

연구팀은 조사에 참가한 61명에게는 10주 동안 오르간연주 수업을 받게 하고 나머지에게는 받지 않게 했다. 그리고 학기 전후 참가자들의 혈액을 채취, 호르몬수치 변화를 추적했다. 그 결과 음악수업을 받은 이들의 인체성장호르몬(HGH)수치는 그렇지 않은 사람들에 비해 현격히 증가한 것으로 나타났다.

연구 책임자인 마헨드라 쿠마 박사는 "일부 학자들은 인체성장호르몬을 영원한 젊음의 샘이라 부른다"고 말했다. 또한 설문조사에서도 참가자들이 '음악수업을 기다리는 동안 불안이나 우울, 외로움을 훨씬 덜 느낀다'고 응답했음을 밝혔다.

사실 음악치료법은 세계적으로 오래 전부터 연구되어 왔으며 실제로 효과를 보고 있는 방법의 하나다. 일반적으로 음악요법으로 효과를 볼 수 있는 증상은 불안신경증·신경쇠약·우울증·심인성위장장애·고혈압·긴장성두통·노인성치매 등이다.

특히 스트레스 해소에 음악요법은 큰 도움이 된다. 사람이 긴장을 하거나 스트레스를 받으면 맥박·호흡이 빨라지고 자연히 동작도 급해지게 된다. 이때 느린 음악을 들려줌으로써 빨라진 인체의 템포를 억제하고 긴장을 풀어 줄 수 있다. 우울해진 기분에 맞춰 처음에는 어두운 곡조에서 시작, 점차 밝고 명랑한 음악으로 옮겨 가는 것이 좋다고 한다.

실제로 일본에서 음악요법을 사용하여 노인성 치매·신경증 등의 치료에 효과를 보았다는 사례가 있다. 몇 년 전부터 도쿄의 한 노인병원에서는 노인성 치매환자들에게 노래를 가르쳐 주고 탬버린 등의 악기를 스스로 연주하게 했다. 그 결과 아무리 말을 걸어도 반응이 없던 환자가 말을 하고 아무 이유 없이 옆 사람을 때리는 증상을 보이던 환자도 정상으로 회복됐다고 한다.

병원 측에 의하면 소리를 내어 노래를 하면 뇌에 자극을 주게 되고 심호흡으로 운동량도 늘어난다고 한다. 또 다함께 합창, 합주를 함으로써 연대의식이나 대화가 생겨난다고 한다.

이천에 있는 성안드레아병원의 음악 치료의사인 윤태원 박사는 치매노인들이 건강을 회복하고 발달 장애자들의 몸에 변화가 오는 등 이미 여러 차례의 임상결과를 통해 음악치료의 효과가 인정되었다며, 환자에게 뇌를 알파(α)파장 상태로 이완시키는 곡들을 들려줌으로써 긴장을 풀고 편안한 마음을 갖도록 하는 데서부터 치료를 시작한다고 한다. 그래서 음악 치료에 많이 사용되는 음악은 빠르기가 아다지오나 모데라토 정도의 곡들이라고 한다.

한편, 독일 베를린 예술대학의 크리스토퍼 루에거 교수는 최근 『음악의 가정요법』이란 책으로 호평을 얻고 있다. 그는 음악으로 모든 마음의 아픔과 지친 몸을 치료할 수 있다고 주장한다. 화음과 리듬이 직접 잠재의식에 작용함으로써 치료하는데 특히 클래식 음악에서 그 효과를 발휘할 수 있다고 한다.

예컨대 지친 사람은 슈베르트의 "겨울 나그네"를, 분노가 끓어오를 때는 무소르그스키의 "전람회의 그림"을 듣는 것이 좋으며, 피로에 지쳐 맥이 빠진 상태에서 브람스의 "향수"를 들으면 휴식과 내적 조화를 되찾게 된다고 한다. 베토벤이나 쇼팽의 피아노 협주곡도 피로를 풀어 주는 훌륭한 처방 음악이라고 소개하고 있다.

참고로 미국 의학계가 내놓은 음악처방 중 몇 가지를 더 소개하면 다음과 같다. 불안신경증에는 비제의 "유아의 놀이", 거쉬인의 "쿠바서곡"이 좋고, 우울증에는 리스트의 "헝가리 광시곡 2번", 시벨리우스의 "핀란디아", 그리고 신경쇠약에는 베토벤의 "프로메테우스의 창조", 브람스의 "마리아의 노래", 쇼팽의 "야상곡" 등이 좋다고 한다. 심지어는 "골프를 잘 치게 하는 음악", "모발을 좋게 하는 음악" 등 각 분야별 치료음악이 등장하고 있다.

하지만 사람에 따라 교육수준, 경험, 자라온 배경, 취미, 소질 등이 다르므로 좋은 음악도 매우 다양할 것으로 생각된다. 평소에 자신이 즐겨듣거나 마음을 달래주고 기분을 전환시켜주던 곡이 있으면 그것으로 좋다고 본다. 다만 고전음악을 들으면 치료효과가 높다고 하니 조금씩 늘려 듣는 방법을 사용하면 좋을 것이다.

여가선용과 정서 그리고 교제라는 측면에서도 음악은 매우 유익한 방법이다.

그래서인지 최근 미국에서는 어린이들의 전유물처럼 여겨졌던 피아노 교습이 노인들 사이에서도 크게 유행하고 있다고 한다. 피아노 교습은 30~80대까지 다양한 연령층에서 즐기고 있지만 특히 60~80대의 고령층에 두드러져 실시됨으로써 노인들이 외로움을 달래는 새로운 여가 선용방법으로 정착되고 있다.

특히 노인들의 피아노 교습은 그룹 레슨으로 이루어지고 있는데 이들은 피아노의 연주기법을 배운다기보다도 서로 대화하며 즐거운 시간을 보내고 마음을 달래는 심리적 효과를 크게 보고 있다.

우리 나라의 노인대학이나 노인복지관 같은 데서도 음악을 가르치는 프로그램이 좀더 다양하게 개발되면 노인들의 여가의 질이 달라질 것이다.

1970년대 이전까지만 해도 음악치료는 단순히 음악을 들려주는 수동적인 방법을 사용하는데 그쳤으나 지금은 북이나 탬버린, 짝짝이 등을 사용, 치료사와 환자가 즉흥연주로써 의사소통을 한다거나 음악을 통해 상상력을 이끌어 내는 GIM요법을 사용하는 등 보다 적극적인 음악치료를 실시하고 있다.

운동선수에게 리듬을 익히게 하기 위해 음악을 들려주며 연습시킨다든가, 공부할 때 학과 내용에 따라서 마음의 여유를 갖게 하기 위해 음악을 들으며 익히는 것이 더 효과적인 사례를 흔히 볼 수 있다.

우리 나라에서도 몇 년 전부터 정신질환자, 알코올·약물중독자, 노인환자·뇌성마비 등 발달 장애자 등의 치료수단으로 음악요법을 도입, 국내 저변 확대에 적극 나서고 있는 이들이 있어 눈길을 모으고 있다. 음악치료를 통해 각종 장애자의 재활을 돕고 국민정신건강에 기여함을 목적으로 하는 "한국음악 치료협회"가 대표적인 단체이다.

　이들은 국내 정신병원 등에서 음악 치료를 임상에 적용하고 특수 임상결과를 바탕으로 음악 치료의 필요성과 효과 등을 발표하는 등 음악치료의 일반화를 위해 애를 쓰고 있다.

　바야흐로 우리 나라에서도 음악 치료요법이 실용화되고 전문화되고 있음은 매우 반가운 일이다.

색채 환경을 생각하자

 서울거리를 걷다 보면 어지러워진다. 다른 도시들도 마찬가지다.

그 많은 간판, 혼란스런 색깔, 난잡스럽게 춤추는 글씨, 벽이란 벽마다 간판이다. 간판이 홍수가 아니라 하늘까지 뒤덮었다. 뒷골목으로 들어서면 아예 간판 속을 걷는다. 걸린 것도 모자라 저녁이면 이동 간판을 내놓는다. 세상에 이런 나라는 없다.

어제 오늘 지적된 일도 아닌데 전혀 시정 될 기미를 보이지 않는다. 시에서 간판을 정비하려고 해도 단체장들이 인심 잃지 않으려고 그러는지 소극적인 것 같다. 상인들도 좀처럼 말을 듣지 않는다. 상품의 질보다는 간판으로 영업하는 세상이다.

그러나 이 도시에 상인만 사는 게 아니다. 간판으로 인해 도시의 품위가 떨어지고 통행이 어렵고 무질서해진다. 좀 지나친 표현인지는 몰라도 간판으로 인해 도시가 병들고 있다.

날이 갈수록 색채환경이 중요해진다. 파리의 어느 가정 부인이 자신의 집 창문 커튼의 색깔을 고르기 위해 지나가는 행인들의 의

94

견을 물어 결정했다는 얘기를 들은 적이 있다. 아무리 나의 집이라고 하더라고 공동사회에서는 다른 사람을 배려하지 않을 수가 없다. 이런 마음들이 모이고 서로 협력해가면서 자연스럽게 도시의 색이 형성되어 간다. 그것은 역사이고 전통이기도 하다. 그리고 도시의 마음이고 성격이기도 하다.

그런데 우리 주변의 각종 색깔들은 온통 젊은이 위주이다. 그리고 상업일변도다. 요즈음엔 빨간 색이 많고 너무나 자극적이다. 구청장 재직 시절에 빨간색 간판을 자제하도록 제재조치를 가한 일이 있는데 돈 들여 만든 간판을 바꿀 수 없다고 반발하는 사람들이 많았다.

그 후 서울시에서도 각 구청에 지침을 주어 빨간색 간판을 규제토록 했으나 다니다보면 별로 변한 흔적이 없다. 현재 걸려 있는 것을 떼어내고 새로 설치하는 것보다는 새롭게 설치하거나 보수할 때에 권장 사항으로 설득시키면 몇 년만 지나도 많이 달라질 텐데도 말이다.

거리의 간판뿐만 아니라 우리의 생활주변의 색채에 대해 보다 깊은 관심을 가져야 한다. 그리고 이러한 색채 환경에 노인도 배려돼야 한다. 대체로 노인들은 무채색을 선호한다. 원색은 우선 눈에 자극을 주고 특히 우리 나라 노인들은 흰옷이나 검정색, 회색계통의 색깔과 친숙하게 살아왔기 때문이다.

요즈음 와서는 노인들도 색을 선호하는 종류가 많이 달라졌다. 밝은 색을 좋아하고 보다 더 젊은 색을 찾는 노인들이 늘고 있다. 지난번 대통령 선거때는 후보자들이 빨간 넥타이를 매고 다녀 한때 고령층에 빨간 넥타이가 유행한 적도 있었다.

서구화되면서 다양한 색이 사용되고 선택의 여지도 많아져 각자가 개성에 맞는 색깔을 자유롭게 선택하는 것이 요즈음 세상이다.

이제 지방자치시대를 맞이하여 지역별로 특색 있고 조화 있는 색채를 전문적으로 개발하여 행정시책에 포함하는 이른바 색채 행정을 발전시켜 나가야 한다. 지금까지는 주택이나 상점건물을 비롯한 각종 생활환경을 이루고 있는 시설물들의 색에 대한 연구가 부족했지만 이제부터라도 연령·계층별·시설별 색깔은 물론 국민정서에 영향을 주는 색의 연구가 있어야 하고 이에 대한 정책이 수립되어야 한다.

특히 우리가 살고 있는 주택의 색에 대한 시책이 무엇보다도 필요하다. 일반적으로 주택을 지을 땐 생활편익이나 색채에 대해 관심을 기울이기보다 재산 가치로서의 건물에 비중을 더 둔다. 그리고 자신의 집에만 주로 관심을 갖지 주변 환경이나 다른 주택들과의 조화에는 신경을 별로 쓰지 않는 것이 사실이다.

학교 교육과정에서도 미술이나 색채를 전공하는 경우가 아니면 취급하는 색의 종류도 한정돼 있다. 요즈음에는 자동차 색깔이 다양화되고 있는 편이지만 얼마 전까지만 해도 매우 단조로운 색으로 일관하여 건조하게 느껴지기도 했다.

색채가 사람에게 주는 심리적 영향은 개인의 행동뿐만 아니라 사회적·국가적 영향으로 확대된다. 매일 접하고 살아야 함에도 불구하고 색채가 차지하는 비중을 무시하여 무신경하게 선택할 경우 우리 생활에 미치는 부정적 영향이 크다는 것을 알아야 한다.

특히 감수성이 예민한 어린이나, 활동량이 줄고 심리적으로 소극적으로 위축되기 쉬운 노년에게는 색채를 통한 배려가 매우 중요하다.

일반적으로 빨강, 파랑 등의 원색을 많이 사용하면 쉽게 피로를 느끼고 불안정, 흥분, 우울, 소화불량 등의 반응이 나타나기 쉽기 때문이다. 한편 베이지색이나 갈색, 회색은 안정감을 주지만 활동에 있어서 소극적인 영향을 줄 수도 있다.

날이 갈수록 인공적인 색채가 많이 개발되어가고 있고 색채학이 산업미술이나 제품 디자인 분야에서 중요한 몫을 하고 있으며 인간과 자연과 생활시설들이 함께 조화되는 색채 환경이 추구되고 있다. 역시 뭐니뭐니해도 사람에게 가장 좋은 색은 자연의 색이다. 따라서 자연스러움이 조화되도록 실내 외의 색을 조절하도록 노력해야 한다.

또한 노인을 모시고 있는 경우에는 노인에게 알맞은 색채를 선택하도록 배려하여야 한다. 노인에게 안정감을 배려한다고 해서 원색은 일체 피해야 한다는 것은 아니다. 노인도 생활의 활력과 변화가 있어야 하며 때로는 강한 색이 필요하기도 하다. 다만, 방이나 건물에 상시로 볼 수 있는 색은 은은한 색으로 하되 옷이나 가방 등 이동성 있는 물건의 색깔은 변화를 주어도 좋을 것이다.

그리고 인공적인 요소가 가미되는 색채배합은 자연을 깨뜨리지 않게 해야 하며 색채 전문가와 상의하여 선정하는 것이 좋다. 색채를 선택할 때 색채 그 자체도 중요하지만 도료나 안료의 선택 또한 중요하다.

일정기간 지나면 색깔이 변하는 경우도 있고 같은 색깔이라고 해도 재료에 따라, 칠하는 사람이나 방법에 따라서도 달라질 수 있는 예민성이 있음을 알아야 한다.

주택에 있어서 색채의 선택은 물론 개인의 성격, 취향, 경험, 가치관 등에 따라 다르지만 일반적으로는 사람의 피부색깔과 자연색 그리고 주요한 물체를 돋보이게 하고 심리적으로 안정감을 주는 것이 좋다.

노인을 위한 주택을 지을 때나 기존 주택의 수리 또는 도배나 페인트를 할 때도 노인특성을 감안하여 안정감을 주고 피로감을 주지 않도록 원색은 가급적 피하는 것이 좋다. 조명에 있어서도 노인을 모시는 경우 유의해야 할 점이 많다. 특히 외부에서 돌아올 때 내부가 어두우면 자칫 안전사고를 유발할 수도 있으므로 이럴 때는 자동 점멸장치를 하는 등 세심한 배려가 있어야 한다.

노인은 각종 도시 시설물들의 색깔에 영향을 받고, 특히 눈을 어지럽게 하는 각종 광고물들과 건물간판의 색깔 그리고 자동차 등 움직이는 물체의 색깔들이 현란할수록 심리적 불안정을 초래하게 된다.

도시 전체의 색깔이 변화하면서 거기에 익숙해질 시간적 여유가 없었던 우리 나라 도시에서 이제는 색깔에 대한 근본적인 반성과 기본방향이 정립돼야 할 때가 되었다. 그러자면 도시의 색에 대한 체계적인 연구가 있어야 한다.

제2장 생각하는 노년이 아름답다

고독이라는 병

흔히 노인 문제는 경제적인 차원과 의료적 차원의 문제가 해결되면 그 나머지는 문제될 것이 없다고 여겨져 왔다. 그러나 현대의 노인문제를 근본적으로 해결하려면 경제적인 문제와 의료적인 서비스 못지 않게 사회심리적인 접근이 병행돼야 한다는 것이 인식되고 있고 심리적 문제가 더 중요하다는 점에서 이 분야에 대한 연구가 활발해지고 있다.

본래 노인은 노인 특유의 신체적·심리적·사회적 변화 때문에 독특한 성격이 나타나기 마련이다. 물론 노인특유의 성격이 나이가 많다해서 누구에게나 반드시 생기는 것은 아니다. 개인의 성장배경·지적수준·생활환경 등에 따라 다양하게 나타날 수 있기 때문이다.

사람에 따라서는 노화과정에서 나타나는 여러 심리적인 문제들을 쉽게 극복할 수도 있겠지만 역할상실과 더불어 고독이라는 병이 찾아올 때는 문제를 해결하기가 간단하지 않다.

특히 배우자가 먼저 사망하고 자식들은 모두 곁을 떠나고 주위의 친구들도 하나씩 둘씩 줄어들게 되면 고독은 필연적으로 나타나게 된다.

노인에게 있어서 고독이란 실로 엄청난 영향을 줄 수 있다. 가정에 있는 노인이나 시설에 수용되어 있는 노인도 홀로 있는 노인보다는 훨씬 낫겠지만 외로움은 크나큰 고통이다.

일반적인 가정의 노인은 가족과 함께 살면서 위안을 받을 수 있고 서로 대화를 나누며 조그만 역할이나마 찾을 수 있다. 아직 우리 나라에서는 어른으로서의 대접을 받을 수 있고 중요한 집안 일에 참여할 수도 있다. 그러나 이러한 역할이 전혀 없이 가족들로부터 소외당하면 오히려 혼자 있는 것만도 못한 고독감과 우울감을 느낄 수 있다.

시설에 수용되어 있는 노인들은 가정에 있는 노인들에 비해 심리적으로 안정감을 덜 갖게 되는 불리한 점도 있으나 비슷한 처지에 있는 사람들끼리 서로 위로하고 동질성을 가질 수 있다는 점에서 장점을 갖기도 한다.

따라서 고독의 문제를 해결하기 위해 평소에 준비하는 것이 필요하다. 홀로 사는 노인이나 가정에서 지내는 노인이나 할 것 없이 모두 고독을 달랠 수 있는 방법을 나름대로 찾아야 한다.

노인들 중 취미나 성격이 비슷한 사람들끼리 클럽을 만들던지, 노인학교나 교양강좌 등에 참여하는 것도 좋은 방법이다. 사회봉사에 참여하거나 일거리를 갖는 것은 단순한 고독이나 우울증을 달래는 것 이상의 보람을 가질 수 있다는 점에서 바람직하다.

그때그때 나타나는 고독을 즉흥적으로 치료하는 방법도 물론 필요하기는 하다. 그러나 고독을 없애는 가장 좋은 방법은 자신의 생활방법 자체를 바꿈으로써 근본적인 원인을 해결하기 위해 노력하는 것이다.

물론 원인제거가 그리 쉬운 일만은 아니다. 원인 제거가 여의치 않을 경우 어려움에 처한 다른 사람을 돕거나 약간의 모험적인 일 또는 조그만 성취감을 느낄 수 있는 일을 할 것을 권하고 싶다.

예를 들면 고아원 등 사회복지 시설에서 아이들을 돌봐주는 자원봉사활동, 복권을 사거나 스포츠에 빠져보는 일, 드라이브 같은 것도 기분전환에 좋다고 한다. 또한 오랫동안 미뤄둔 일, 아이들 방문의 고장난 손잡이를 고쳐주거나 책상을 정리하는 일 등도 도움이 된다.

타이스 박사는 매우 효과적인 기분전환법으로 과거에 잘했던 일을 떠올리면서 스스로의 자신감을 북돋우고, 다음에는 더욱 열심히 일하겠다고 다짐하며, 자신의 처지보다 못한 사람과 비교하기 등을 권했다.

흔히 알려진 것처럼 목욕을 하거나 맛있는 음식, 술이나 약물을 먹는 것도 나쁘지는 않지만 기분전환의 효과가 알려진 것보다는 크지 않다고 한다. 그는 또한 잡지를 읽거나 TV나 영화를 보는 것도 별로 도움이 안된다고 했다. 특히 기분이 언짢으면 "혼자 있게 해달라"고 말하는 사람이 적지 않은데, 이는 안 좋은 기분상태를 더욱 나쁘게 해줄 뿐이라고 한다.

효과적인 기분전환법을 갖고 있는 사람은 언제나 머리를 신선하게 유지할 수 있다. 기분전환을 위해서 이발하러 가는 사람도 있고, 책상서랍을 정리하는 사람도 있다. 산책이나 사우나를 하는 사람도 있다. 운동이나 산책은 기분전환에 좋은 효과가 있다.

최자혜 박사는 효과적인 기분전환법의 필요성을 이야기하면서 기분전환법을 소전환·중전환·대전환의 3단계로 구분해서 설명했다. 창을 열고 심호흡을 하는 것이 소전환법, 가방에다 갈아입을 옷을 챙겨 가지고 며칠간 여행을 떠나는 것이 대전환법, 그 중간인 중전환법은 고속버스를 타는 정도이다.

원칙적으로 이런 기분전환이 필요 없는 생활이 가장 이상적이다.

하지만 고독과 우울은 누구에게나 찾아올 수 있다. 지금까지 이야기했듯이 그때 그때의 기분전환으로 치유될 수 있는 경우도 있지만 근본적으로 생활태도를 바꾸고 생각을 바꾸어야 하는 것이 필요한 경우가 있다.

이를 위하여 자신에게 맞는 취미생활을 하며, 모임에 참가하여 활동함으로써 보람을 찾고 특히 정신적인 안정과 적극적인 마음을 갖도록 주의를 기울이는 것이 좋다.

그러나 스스로의 필요에 의해서 즐기거나 활용하는 경우의 고독은 매우 소중한 것이 되기도 한다. 이러한 고독은 일반적으로 노인들이 갖는 문제로서의 고독과는 구별된다.

낙엽 지는 오솔길을 걸으며 생각에 잠기거나 혼자 옛 노래를 부르는 일은 매우 즐거운 고독이다. 카메라를 둘러메고 깊은 산 벼랑을 헤매며 들국화의 고즈넉한 풍경을 카메라에 담는 것은 아름다운 고독의 만남이기도 하다. 혼자 떠난 여행에서 다시는 보지 못할 수도 있는 이국의 정취를 그곳의 낯모르는 사람들과 함께 느껴보는 것도 '멋진 고독'이다. 그냥 지나칠 돌계단 하나를 두고 역사를 생각하며 시상에 잠기는 것도 '깊은 고독'의 멋이다.

그러나 외롭다는 생각만으로 여기저기 기웃거리고 세상에서 떨어져 나가는 것처럼 안절부절못하는 것은 노년의 추한 모습일 수 있다. 하루하루를 그냥 지내는 것이 결코 노년이 아니라는 것을 인식해야 한다.

미국의 노년학자 칼슨은 "성인이 되어서 인생을 낭비해 버리는 경우를 볼 때 한심스럽지 않을 수 없다. 착각, 경쟁, 고질된 사상,

선견지명의 부족 등으로 우리 인생의 최고 주기라 할 수 있는 노
년에 이르러서 마치 알맹이 없는 조개 껍질처럼 귀찮고 가엾은 할
아버지 할머니가 돼 버리고 다시 어린아이처럼 유아화되는 징후를
나타내게 된다"고 하면서 인생의 황금기인 노년을 무가치하게 낭
비해 버리고 있음을 경고한 바 있다.

'고독이라는 병', 그것은 병이 아니다. 그것은 스스로 이겨내야
하는 하나의 과정이다.

우울증 체크리스트

- 의욕이 없고 쉬 피로가 온다.
- 동작이 둔해지고 몸이 굼떠진다.
- 일의 능률이 떨어지고 실수가 많아진다.
- 표정 변화가 적어지고 발랄한 정신이 없어진다.
- 말수가 적어진다.
- 자신감이 없어지고 자기를 쓸데없는 사람이라고 생각한다.
- 뚜렷한 이유도 없이 전직이나 퇴직을 신청한다.

여가를 지혜롭게

평균수명은 길어지는데 구조조정 등으로 50대 중반쯤 직장에서 물러나는 사람들이 많다. 공무원을 비롯해 거의 모든 직장이 60대만 되면 당연히 물러나야 한다. 이럴 경우 적어도 이십 년 이상 본의 아닌 노후 생활에 들어가야 한다.

일자리에서 물러나면 가장 문제되는 것이 건강과 여가의 문제이다. 긴긴 시간을 어떻게 보낼 것이냐 하는 것은 보통문제가 아니다. 따라서 여가를 잘 활용하는 사람은 노후를 보람있고 행복하게 보낼 수 있지만 그렇지 않은 사람은 인생이 지루할 뿐이다.

노동을 전제로 하는 청장년들의 여가에 비해서, 노인들의 여가는 노동을 전제로 하지 않는 '여가를 위한 여가'라고 말할 수 있다.

노인의 여가라 함은 두 가지로 말할 수 있는데, 하나는 노령기에 있어서도 일정한 사회적·가정적 역할이 있어 그 역할을 추구하는 도중에 가지게 되는 여유 있는 시간을 말하고, 또 하나는 자신에게 부과된 일정한 역할이 없이 막연하게 보내는 긴 시간을 말한다. 일반적으로 노인의 여가라고 할 때는 후자를 의미하는 경우가 많다.

이와 같은 의미에서 볼 때 노인의 여가란, 노인의 매일 매일의 생활 전체라고 할 수 있다. 여가개념을 정확히 시간개념으로 볼 때는 '여가시간'으로, 활동개념으로 생각할 때는 '여가활동'이라고 할 수 있는데 보통 여가라고 하면 곧 여가활동을 의미한다.

노인이 가정 또는 사회에 있어서 일정한 역할을 발견하여 매일 매일의 생활을 어떻게 의미 있게 보내느냐, 즉 노인의 여가를 얼마나 유용하게 보내느냐 하는 것은 노인에게는 생계문제 다음으로 중요한 일이다. 노인들의 여가가 단순히 여가를 위한 여가가 된다고 하면, 개인적으로는 인생의 낭비가 될 것이고, 사회적으로는 인적자원의 낭비가 될 것이다. 그러므로 노인으로서도 인생의 보람을 느끼고 사회적인 면에서도 보탬이 될 수 있는 여가활동에 참여하는 것이 절실히 요청된다.

노인의 여가의 내용은 단순한 취미, 오락 등만을 의미하는 것이 아니다. 이 외에도 봉사활동·교육·훈련 및 문화적 활동 등을 포함한 생활의 전반적인 것이다.

따라서 여가문제에 대한 대책을 수립함에 있어서도 노인생활의 전반을 고려하여야 하며 노인의 기본적인 욕구 및 그가 처하고 있는 여건 등을 명확히 알아야 한다. 즉 노인도 무엇인가 사회적으로 유용한 서비스를 하고자 하고 또 지역사회 및 가정의 한 구성원으로 인정되어 일정한 역할을 맡고자 하며 독립·자주적인 한 개인으로 대우받고자 하고 또 자기능력을 발휘하여 일할 수 있는 기회를 갖고자 하며, 건강하고 문화적인 생활을 하고자 하는 등의 여러 가지 욕구의 충족을 원하고 있다.

여가를 유익하게 보낼 수 있도록 배려하는 것은 노인이 흔히 빠지기 쉬운 고독과 불안과 허탈을 막는 데 필수적인 것이다. 노년기에는 경제적 문제와 더불어 정신적·심리적 문제 또한 중요해지는데 그 이유는 노인의 고독과 불안이 특히 심리적 부양의 결핍에서오는 경우가 많기 때문이다.

서구의 노인들은 개인주의적이고 어렸을 때부터 독립된 생활이 습관화되어 있기 때문에 자식으로부터 기대하는 바가 없고, 어떤 면에서는 고독을 조용히 음미하고 이겨내는 심리적 여유를 가졌다고 할 수 있지만, 한국 노인의 경우는 가족주의적이고 의존적인 성격이 몸에 배어 있기 때문에 가족 내에서 더욱 불만을 호소하게 된다. 따라서 가정 내에서, 혹은 소단위의 지역사회에서 노인의 여가 프로그램이 개발되고, 노인의 역할이 증대되어야 한다.

더구나 생활이 향상되고 문화환경이 발전될수록 여가는 다양해질 수밖에 없다. 또한 연령계층에 따라 여가의 유형이 구별되어진다. 그러므로 노인의 여가 프로그램도 일률적으로 적용할 것이 아니라 각 개인이나 집단에 따라서, 그리고 지역별, 출신별, 직업별, 취미별로 다양한 것이 좋다.

일반적으로 노인의 여가는 다음과 같이 몇 개의 유형으로 나뉘어진다.

첫째, 근로형이다. 자기 자신이나 가족들의 생계에 보탬이 되도록 일을 하지 않으면 안 되는 경우이다. 전적으로 소득이 목적인 경우도 있기 때문에 이런 경우를 여가활동이라 부를 수는 없다.

대개 부업이나 시간제 혹은 비정규적으로 여가를 이용하여 소일겸 간단한 근로활동을 하며 소득을 올리는 경우와, 그냥 일이 좋아서 가족구성원의 사업장이나 농촌 등에서 일을 거들며 소일하는 경우가 이에 포함된다. 전자의 경우에는 생활에 보탬이 되고 용돈을 벌 수 있다는 이점이 있고, 후자의 경우에는 자신의 건강과 인간관계의 유지 그리고 주위로부터 존경과 감사의 표시를 받는 보람을 갖게 되는 장점이 있다.

둘째, 한거형(閑居型)이다. 무거운 중책을 맡거나 어려운 일들을 해결해야 하는 분야에서 종사하다가 은퇴하여 비교적 여유 있는 생활을 하며 자서전을 쓰든가 독서, 그림, 음악 등으로 혼자서 즐길 수 있는 기회를 가지며 심신을 쉬며 지내는 여가이다. 은퇴 후 사망할 때까지 똑같은 형태의 여가를 가지며 보내는 것을 의미하는 것은 물론 아니다.

이따금씩 사회활동에 참여하거나 취미, 오락, 여행 등으로 시간을 보내는 일이 있기는 하지만 대체로 한가롭게 자기 시간을 가지며 조용히 지내는 경우를 한거형이라고 할 수 있다.

셋째, 사교오락형이다. 대부분의 여가가 이에 해당된다고 할 수 있다. 골프, 낚시, 등산, 여행, 사냥 등 많은 취미 클럽이 대개 은퇴한 고령자들로 구성되는 예가 많다. 그러나 요즘은 인간관계의 유지와 정보의 교환을 목적으로 하거나 새로운 레저스포츠가 개발됨에 거의 대부분의 여가 인구가 이 유형에 흡수되고 있다.

넷째, 자기완성형이다. 이것은 젊었을 때에 하지 못했던 부족한 부분을 노후에 충분한 시간을 이용해 보완해 나가는 유형이다. 종교에 몰두하거나 예술, 음악, 문학, 철학 등 평소에 가깝게 할 수 없었던 분야를 배우기도 하고 각종 교양강좌, 토론회, 세미나 등에 참석하면서 인격을 완성하는 일에 여가의 대부분을 보내며 만족을 찾는 경우가 여기에 속한다.

다섯째, 참여활동형이다. 각종 사회활동에 부지런히 참여하고 정치활동, 학술활동, 지역사회개발 등은 물론 각종 사회봉사활동으로 여가를 보내는 유형이다. 충분한 시간이 있다는 강점이 있기 때문에 여러 나라에서 노인의 봉사활동 프로그램을 특별히 적극적으로 개발, 보급하고 있다.

여섯째, 폐쇄형(閉鎖型)이다. 건강상 활동이 부자유스럽거나 나다니기가 귀찮다거나, 늙어 가는 것이 한탄스러워 거의 인생을 포기하고 집에 틀어 박혀 있는 경우 등 여생을 폐쇄된 가운데 쓸쓸히 보내는 경우이다. 홀로 시간을 가지며 공원 벤치에서 하루종일 시간을 보내는 노인들을 특히 외국의 공원에서 많이 볼 수 있다.

위에 제시한 유형 가운데 반드시 한가지 유형만이 노인에게 적용되는 것을 뜻하지는 않는다. 각 유형을 조금씩 갖고 있기는 하지만 대체로 어느 유형에 속할 수 있다는 것 뿐이다. 따라서 여가프로그램을 개발하는 데도 항상 상호 보완적이고 종합적인 관점에서 살펴보아야 한다.

우리나라의 경우 노인여가에 대한 관심이 부족하기 때문에 노인교육 등의 프로그램에 있어서 기본적인 유형구분도 잘 되지 않는다. 노인여가 자체가 문제로 인식되지 않기 때문이다.

대체로 우리 나라 노인여가의 문제점은, 첫째 소득의 중단과 더불어 경제적 여유가 없는 점, 둘째 여가시설이 부족하고 운영이 매우 취약한 점, 셋째 여가 프로그램이 미미한 점, 넷째 노인여가에 대한 사회적 인식이 부족한 점, 다섯째 전문연구기관이나 전문요원이 부족한 점, 여섯째 정부정책이나 시·도 등 기관의 시책이 미약하고, 있어도 획일적이어서 지역 특성과 노인의 욕구에 부합되지 않는 사례가 많은 점, 일곱째 여가선용을 위한 노인 자신과 가족의 사전 준비나 노력이 거의 없거나 부족한 점 등이다.

따라서 무엇보다도 노인여가에 대한 정부차원의 제도적 뒷받침과 아울러 이에 대한 사회적 인식과 노력 그리고 가정과 지역사회 내에서 보급될 수 있는 여가 프로그램의 개발이 조속히 이루어져야 한다. 노인의 여가는 노인의 모든 생활 그 자체를 의미하는 것이므로 이들을 위한 전문적인 여가시설과 프로그램은 날이 갈수록 그 시급성이 더해 갈 것이다.

끝으로 노인자신이 스스로의 여가 프로그램을 만들어 갈 수 있어야 한다.

노인여가 프로그램이라고 해서 반드시 노인만을 대상으로 하는 프로그램에 참여 할 필요는 없다. 노인이지만 장년들을 위한 프로그램에도 참여할 수 있고, 특정분야에 대한 동호인 모임 같은 데에도 나이에 관계없이 참여할 수 있는 기회가 많이 있다. 그리고 자신의 젊었을 때의 전공을 살려 사회봉사 프로그램에 참여하는 것은 일의 보람도 있어 매우 바람직한 방법이다.

혼자 할 수 있는 여가의 방법도 스스로 개발하면 많이 있다. 여가활동을 어떻게 하느냐에 따라 노년이 달라지고 인생의 마무리가 달라진다. 선택은 오직 자신의 지혜에 달려 있다.

스트레스를 이기자

 우리는 그 정도가 크건 작건 각종 스트레스 속에서
살고 있다.

특히 대도시에서 사는 경우 더욱 그렇다. 더구나 복잡한 사회적
관계 말고도 가족관계에서 여러 가지 갈등과 긴장 속에 살면서 그
정도가 심하거나 장기화되면 돌이킬 수 없는 질병에 빠질 수도 있
다. 그래서 스트레스를 해소하려는 갖가지 처방과 방법들이 전문
적으로 연구되고 실제 활용되고 있다.

원래 스트레스에는 크게 긍정적인 유스트레스와 부정적인 디스
트레스가 있는데 보통 언급되는 스트레스는 바로 부정적인 디스트
레스를 의미한다. 가령 시험에 합격을 했다든지, 회사에서 진급을
했을 때에 겪는 기분을 유스트레스라고 하는데, 이러한 유스트레
스는 체내의 신진대사에도 좋은 영향을 주게 되어 건강한 삶을 누
리게 한다.

우리가 갖는 대부분의 스트레스는 비교의식과 경쟁에서 비롯된
다. 사람에게는 원래 비교의식이라는 것이 있는데 이것이 인간을

파괴하며 사람의 관계는 물론 사회질서를 혼란케 한다. 비교의식은 자본주의 경쟁사회의 두드러진 특징이기도 하며 이것이 경제발전과 사회발전을 가져오기는 하지만, 사람들 사이에 질투와 시기심을 유발시키며 열등감에 빠지게 하여 이웃을 쉽게 판단하게 되고 편견의 노예로 만들기도 한다.

이러한 비교의식으로 인해 야기되는 갖가지 정서적인 긴장상태를 바로 스트레스라고 한다. 스트레스는 정신적·물리적·화학적 자극에 의해서 발생되기도 하지만 자신의 마음 속에서 스스로 만들어내는 심리적 스트레스가 건강에 가장 나쁜 영향을 주는 것으로 알려지고 있다.

복잡해진 현대를 살아가면서 스트레스를 전혀 안 받을 수는 없겠지만 자기자신을 기준으로 하여 남과 비교하거나 남의 일에 쓸데없이 간섭하지 않는다면 어느 정도는 예방할 수 있다. 그리고 일단 스트레스를 받으면 빨리 떨쳐 버리려는 노력이 필요하다.

세계적인 장수학연구가인 하버드 대학의 매거티 실버 박사는 최근에 펴낸 『백세까지 살기』 라는 그의 책에서 "장수자들은 외부로부터 받는 스트레스를 마치 오리가 꽁무니 뒤로 물살을 내 보내듯 발산해 버린다"고 말했다.

물론 성격에 따라 각자 다르기는 하겠지만 그때그때 스트레스를 발산해 버리는 것이 쉬운 일은 아니다.

의기소침하거나 스트레스가 쌓일 때 목욕을 하면 한결 나아진 경험을 갖고 있을 것이다. 이는 스트레스를 받으면 과잉 분비되어 몸에 좋지 않은 영향을 주는 것으로 알려진 코르티솔 호르몬이 현저히 낮아지기 때문이다. 목욕은 긴장완화와 혈액순환에 도움을 주고, 스트레스에 의해 생기는 위궤양, 변비, 과민성 대장증후군의 치료에도 효과가 있다.

혼히 샤워목욕을 하는 경우가 많은데 샤워보다는 뜨거운 탕 안에 느긋이 앉아 즐기는 재래식 욕조목욕이 긴장을 완화하고 관절통 등에 도움을 주는 등 건강상 이점이 많다.

특히 따뜻한 물에 삼분, 찬물에 일분씩 2,3회 반복하는 냉온 교대욕이 온욕에 비해 효과가 월등하다는 것이 실험으로 밝혀졌다. 냉온 교대욕은 일종의 자율신경 훈련의 효과가 있으므로 특히 평소 건강한 사람은 이를 즐기는 것이 좋다. 찬물과 더운물 속을 왔다갔다 하면 혈관이 찬물에선 체온보호를 위해 수축되고 더운물에서는 체온방출을 위해 확장된다. 자율신경에 의한 이러한 혈관확장과 수축이 원활하면 환절기와 같이 주위기온의 변화가 심한 경우에도 민감하게 반응하여 대처할 수 있으므로 감기 등에 걸리지 않을 수 있다는 설명이다. 물론 질병이 있는 사람은 이 같은 목욕법을 피하는 것이 좋으며 처음 시작하는 사람은 찬물과 더운물의 온도차가 심한 급격한 냉온교대욕은 좋지 않다.

굳이 냉온교대욕이 아니더라도 더운물이 있는 욕조에만 들어가 있는 것도 효과적이다. 근육의 이완과 혈관확장을 통해 혈액순환을 원활히 하는 효과가 있어 스트레스 해소에 도움이 된다.

한편 스트레스가 전혀 없으면 그것도 문제가 된다. 젊음을 유지하고 생동감 있는 삶을 살자면 어느 정도의 스트레스는 오히려 만들어 가는 것이 필요하다. 다만 유스트레스 즉 즐거운 스트레스를 만들도록 노력해야 한다.

예컨대 새로운 일은 일상적인 일에 비해 스트레스의 강도가 크지만 중요한 점은 새로움이라는 흥분이 스트레스의 강도에 비해 훨씬 크다는 점이다. 그러나 이 새로움이 다시 일상적인 것으로 바뀔 때 그 동안 가졌던 긴장이 풀리고 즐거움은 부담으로 변하게 된다. 일이 잘 되고 있을 때는 과로의 개념이 존재하지 않는다. 즐거운 흥분이 스트레스를 압도하기 때문이다. 따라서 건강과 젊음을 위해서라도 스트레스를 어느 정도 만들어 가야 한다. 다만 어떤 형태로든지 즐거운 스트레스를 만들도록 해야 한다.

또한 긴장이 오랫동안 풀려 있으면 심신의 노화가 촉진될 수밖에 없다. 가정만을 지키는 여성보다 직장을 가진 여성이 더 젊어 보이는 것은 일에서 오는 긴장 때문이다. 그런데 젊은 직장 근로자들은 즐거운 스트레스를 계속 만들어 가는 것이 쉽지 않다. 규제와 각종 지시, 감독 속에 생활을 위해 일할 뿐인 사람들이 많다.

그렇지만 노인은 다르다. 자신이 노력하면 자신에게 맞는 정도의 스트레스를 유지할 수 있다. 여유 있는 시간과 자유스런 선택이 가능하기 때문이다. 예컨대 여행을 한다거나, 자기 전문분야나 관심이 있는 분야에 대해 깊이 빠져보는 일도 좋다. 다만 여행의 경우 단순한 관광보다는 특수한 목적을 부여할 수 있다면 더욱 좋다. 역사 탐방이나 문학탐방 같은 것도 좋고 탐험, 탐사성격의 여행도 좋다.

우리는 스트레스 속에 산다. 그러나 스트레스를 이겨내고 우리 생활에 활력소로 이용할 수 있어야 한다.

스트레스를 이기려면

- 스트레스를 인정하라.
- 현실적인 기대와 비현실적인 기대를 구분하라.
- 시간의 지배를 받지 말고 시간을 지배하라.
- 운동을 하고, 먹고 마시는 것에 주의하라.
- 긴장을 풀고 긍정적으로 생각하라.
- 유머감각을 기르라.

노인과 비아그라

 얼마 전에 어느 60대 중반의 노인이 비아그라를 먹고 크게 효험을 보았다고 하며 내게 '무용담'을 들려준 일이 있다.

요즘 나이 예순이야 노인 취급도 하지 않고, 또 스스로도 늙었다고 생각하지 않지만 노인의 성은 다소 무시되어온 것이 일반적이다. 건강관리가 잘 되고 수명이 연장되면서 최근에는 노인들의 성과 관련되는 얘기를 심심찮게 들을 수 있다.

노인들이 많이 모이는 서울근교의 산기슭에 가면 으슥한 숲에서 노인들이 섹스를 즐기는 모습을 간혹 볼 수가 있다. 파고다 공원 주변의 골목에서도 중년부인들에게 이끌려 여관에 들어가는 노인들의 모습도 찾아볼 수 있다. 이해가 안가는 것은 아니지만 그렇다고 잘하는 일이라고 생각되지도 않는 묘한 감정을 갖게 한다.

이와 같이 노인의 성(性)은 은밀한 것에서부터 노골적으로 표면화되기 시작했다. 그리고 그것은 자연스러운 생활의 한 부분이다.

성의 세계화가 주는 강력한 영향 속에 우리 나라 노인도 예외일

수는 없다. 성적 감정을 자극하는 각종 주변환경과 건강한 체력관리가 성생활을 지속케 해준다.

얼마 전에 발표된 세계보건기구(WHO)의 자문위원이며 금연운동가인 영국의 보건 전문의 루스 머케이가 지난 5년 동안 집필한 보고서 『인간의 성적행위에 관한 펭귄지도(The penguin Atlas of Human Sexual Behavior)』에서는 2만여 개에 달하는 섹스관련통계를 수록하고 있다.

이에 따르면 세계에서 가장 성행위를 많이 하는 나라는 미국으로 나타났다. 16~45세까지의 미국인들의 평균 섹스 횟수는 연간 138회, 영국과 호주는 112회, 태국 80회, 그리고 홍콩인들은 57회인 것으로 나타났다.

또 시카고 대학 사회학 교수인 앤드루·그릴리는 노인 5,738명을 대상으로 조사한 『60세 이상의 성』이라는 보고서에서 미국의 60대 부부들 중 37%가 일주일에 한 번 또는 그 이상의 성생활을 즐기고 있으며 16%는 일주일에 수 차례나 관계했다는 응답을 밝히고 있다.

여타의 조사로서 미국의 65세 이상 노인 가운데 남성의 53%, 여성의 41%가 매우 활동적인 성생활을 즐기고 있는 것을 알 수 있었다. 미국의 노인들은 평균 일주일에 한번 꼴로 성행위를 하고 있어 젊은이들 못지 않게 섹스를 즐기고 있다. 미국인들은 단연코 이 분야에서 으뜸이다.

각종 섹스관련 잡지, 기구, 그리고 최근에는 비아그라까지 만들어 세계적인 선풍을 일으키기도 했다. 『플레이 보이』지 같은 섹스 전문 잡지는 아주 점잖고 고전적인 편에 속하고 소위 '섹스산업'이라는 호황분야로 세계의 섹스시장을 석권하더니 이제는 자극하는 정도가 아니라 아예 약까지 만들어 나이와 관계없이 섹스 속

으로 몽땅 끌어들이고 있다. 그런가 하면 아예 성의학적으로 젊은
이 못지 않은 체질도 만들어 가고 있다. 60대의 여배우들이 30대
의 몸매와 피부의 탄력을 유지하는 경우도 많다.

남성의 경우 발기부전은 이미 정복됐다고 볼 수 있다. 비아그라
에서부터 자가주사제를 거쳐 음경보형물 시술에 이르는 치료기술
은 팔순이 넘어도 본인만 원한다면 성 관계를 가능케 한다.

여성도 마찬가지다. 여성호르몬 보충요법이 보편화되면서 폐경
기 이후에도 성생활을 즐기는 여성들이 많다. 고령여성에게 문제
가 되는 질 건조증이나 성교통, 요실금 등의 치료법이 속속 개발되
고 있고, 불감증을 치료하기 위한 여성용 비아그라나 진공자극기
가 미국에서 나오고 있다.

또 성욕 중추를 자극하는 '우프리마'라는 먹는 발기부전 치료제
가 개발되었다. 기계적인 발기가 아니라 성적 흥분을 유발한다는
점에서, 이전보다 혁신적이라고 볼 수 있다. 입안에서 녹여 복용함
으로써 효과가 빠른 '업그레이드 비아그라'나 한 번 복용으로 장시
간 효과를 보장하는 약도 개발중이라고 한다. 주사제 대신 피부에
붙이는 파스제나 연고제도 나오고 있다.

우리 나라는 비교적 성에 대해 보수적이고 자제하는 전통적 생
활관습이 유지되었으나 이제 크게 달라졌다. 생활수준의 향상과
건강 유지, 그리고 주거 환경의 독립성 유지, 상대적으로 여유 있
는 여가 시간 등으로 우리 나라 노인들의 성생활도 갈수록 활발해
지고 있다.

오히려 '노년기에는 성 기능이 저하된다'는 속설을 너무 쉽게 받
아들이는 소극적 성생활 자세를 경계해야 한다. 규칙적인 성생활
은 오히려 노인 남성의 성 기능 유지에 중요한 역할을 한다는 사
실을 알아야 한다.

자신이나 부인의 병으로 몇 개월씩 성생활을 중단했던 노인 남성들이 그 기간 중 성 기능을 소실하는 경우가 매우 많다. 이는 병자체보다 성행위 중단으로 인한 기능 상실로 봐야 한다. 정신의학자들이 흔히 ‘계속 사용하면 잘 발달하고, 그렇지 않으면 퇴화해 마침내 소멸한다’고 지적하는 용불용설(用不用說)이 소위 섹스에도 적용되는 것이다.

섹스에는 나이에 따른 횟수처럼 어떤 철칙이나 표준이 있는 것은 아니다. 단지 본인의 일상 생활에 지장을 받지 않는 범위 내에서 즐기도록 하면 된다. 성생활은 소모가 아니라 사랑을 확인하는 활력소가 되고 우리 생활을 정신적으로나 육체적으로 더욱 건강하게 지켜준다.

흔히 지나친 성생활로 남자가 단명한다고 하는데 이것도 과장된 말이다. 의학적인 차원에서 볼 때도 잦은 성생활이 남편의 사망원인이 될 수는 없다. 비단 성생활뿐만이 아니고 운동 등 모든 활동을 지나치게 무리하는 것 자체가 몸에 좋지 않은 것이다.

자연스럽고 정상적인 성생활을 해야 한다. 다음날에도 피로가 겹치거나 사회생활에 지장을 주는 등 건강에 이상이 생길 정도의 지나친 성생활은 조심해야 한다.

더구나 당뇨병이나 고혈압, 관상동맥질환, 뇌혈관 질환 등이 있는 경우에는 성생활에 주의를 요한다. 이들 병은 노인의 성 기능 감퇴에 큰 영향을 미친다.

특히 당뇨병은 성 기능에 가장 무서운 적이다. 당뇨병에 걸린 지 약 5년 이내에 60%의 환자가 성 기능 장애를 경험한다. 따라서 이 경우에는 성 기능을 회복할 수 있도록 특별히 잘 조절할 필요가 있다.

노년기의 조화로운 성생활은 신체적 건강 못지 않은 정신적 건강과 기쁨을 가져다 준다. 따라서 노인들도 성생활에 있어서 젊은 이 못지 않은 진취적인 자세를 취할 필요가 있다.

그러나 나이가 들면서 너무 섹스에 집착하는 것은 무리다. 기구를 사용하거나 약을 복용하면서 까지 성생활을 한다고 하면 당연히 부작용이 따를 수밖에 없다.

비아그라를 주머니에 넣고 다니는 노인을 생각하면 뭔가 부자연스럽고 측은하다는 생각도 든다. '젊음'은 더 유지할 수 있을지 모르지만 '인생'을 단축시킬지도 모른다는 걱정도 든다.

무엇이든지 자연스러운 것이 가장 좋은 것이다.

죽음은 두려운 것인가

누구나 죽는다. 그것은 자연이다. 자연스럽게 자연으로 돌아가는 것이다. 그것이 죽음의 참모습이다. 그것은 하늘의 섭리다.

무릇 살아 있는 것은 죽게 되어 있다. 그런데도 우리는 이 지극히 자연스러운 현상에 대해 두려워하고 때로는 거부하려고 한다. 그러나 우리는 그것을 피할 수 없다.

아무리 생명과학이 발달하고 유전공학산업이 발전해도 그것은 불가능하다. 만약 그것이 가능해진다면 그때는 지구상에 살아 있는 것 모두가 죽음일 뿐이다.

죽음이 두렵고, 죽음을 피해 갔으면 좋겠고, 아예 죽지 않았으면 좋겠고, 죽더라도 이전 상태로 다시 살아났으면 좋겠다고 생각하지만 그것은 우리들 마음일 뿐이다.

서울대 정진홍 교수는 인류의 문화는 이러한 죽음관들을 제각기 축으로 하여 선회하는 현상이라고 표현한다.

나이가 들면 서서히 죽음에 대한 공포를 갖게 되는데 물론 건강하게 오래 살려는 의지는 좋다. 또 그렇게 노력해야 한다. 그렇지만 공포감을 가질 필요는 없다. 그냥 순순히 받아 들여야 한다.

죽지 않겠다고 안간힘을 써도 그 죽음은 내게 오고 있고 또 죽지 않겠다는 의지를 강하게 불태우며 살아가는 것도 어찌 보면 측은하기 짝이 없는 노릇이다. 당연한 귀결을 아니라고 우기는 모습도 그렇고, 자기 삶의 끝을 투시하지 못하는 어리석음도 또한 그렇다.

그러고 보면 죽음을 어떻게 맞는가 하는 것, 곧 죽을 준비를 어떻게 하고 있는가 하는 것은 사람다움을 판단하는 준거가 된다. 죽음은 삶을 다듬는 마지막 자리이고 삶은 죽음을 낳는 회임의 기간이기 때문이다.

자신의 죽음을 미리 다듬지 않으면 삶이 추해진다. 또한 삶이 말끔하지 않으면 인생의 마침표가 지저분해진다. 그렇게 살 수는 없다. 인간으로서의 자존(自尊)을 위해 그렇게 죽을 수는 없다.

암과 같은 치명적인 병에 걸려 죽음이 임박해 왔는데도 환자에게 알려 주지 않는 경우가 많은데 이는 잘못이다.

회복할 수 없을 정도의 환자에게 계속 희망적인 말만 들려주다가 사망했을 경우 본인으로서는 정리해야 할 많은 일들을 남겨놓게 되는 경우도 있고 정신적으로는 새로운 마음가짐과 죽음에 대한 준비를 할 기회를 놓치게 되는 결과를 가져오게 된다.

물론 불안하고 절망적인 상태를 면하게 해 줄 수 있고, 또 생명을 더 연장시켜 줄 수도 있다는 견해를 가질 수도 있다. 그러나 자신이 죽는 줄도 모르고 죽어간다는 것은 위로이기 전에 마지막 기회 하나를 박탈하는 잔인한 행위가 아닌가 하는 생각도 든다.

잘 늙는다는 것은 곧 잘 죽을 수 있는 준비이기도 하다.

그러자면 먼저 세상과의 이별을 준비하는 마음가짐이 필요하다.

내일로 미루지 말고 가능하면 오늘 하도록 노력해야 한다. 미루다 보면 할 수 없게 되는 경우가 대부분이다. 오늘 올바르지 않으면 다시 올바를 수 있는 날이 많지 않다. 오늘 용서하지 않으면 용서할 날이 없다.

친구와의 관계, 노여운 것이나 오해했던 일 등 모든 인간관계가 깨끗해야 하고 훌훌 털어 버려야 한다. 잘 늙기 위해서는 유예하는 일이 없어야 한다. 그래야 죽을 때 맺힘이 없다. 만일 꼭 해야 할 일이 남았는데 죽음에 이르게 되면 지금까지 한 일에 만족할 수밖에 없다.

그리고 남은 일은 언젠가 다른 사람이 완성할 것이라고 믿어야 한다. 그것은 여유이고 너그러움이기도 하다. 죽음이 임박했는데 아직 이루지 못한 일을 걱정하고 완성하려고 몸부림치는 것은 동물적인 욕심으로 비쳐질 수도 있다.

늙는 것에 대한 공포감을 갖고 있는 어떤 사람은 늙음에 대하여 이렇게 말한다. "늙는 것은 끔찍하다"라고. 늙는다는 것은 감퇴·노쇠·퇴화·죽음 등의 기분 나쁜 단어로 가득하다. 게다가 머리가 빠지고 배가 나오는가 하면 성욕과 정력을 잃고, 요통·두통·콜레스테롤·고혈압에 시달리게 된다.

저 멀리 있던 것들이 눈앞으로 닥치는 것이다. 그런 것들을 걱정해야 한다고 하면 미칠 지경이다. 그러나 늙는다. 죽음을 너무 두려워하고 늙음을 외면하려고 안간힘을 쓰는 것은 분명 추한 모습에 속한다.

우리는 죽음에 대해 너그러워야 한다. 그러자면 평소에 여유를 유지해야 한다.

너그러움이 늙음을 채색하면 우리는 삶의 마지막에서 이제까지 다하지 못한 관용을 베풀 수 있게 되고, 자신을 용서해 주기를 빌

수 있게 된다. 그리고 모든 사람들을 신뢰하면서, 비로소 늙음이,
삶이, 자유로워진다. 그리고 마침내 우리는 자유롭게 죽을 수 있게
된다. 그렇게 늙어야 한다.

화장(火葬)이 어때서

영화 '스타트랙'을 보면 우주비행사들만이 아니라 모든 인류의 활동무대가 우주가 될 날이 멀지 않았구나 하는 느낌을 갖게 한다.

이 영화의 제작자인 '진 로우든베리'의 뼛가루를 우주로 쏘아 올려 화제를 모았던 미국의 실레티스사는 빠르면 2003년도에 200여 개의 유골함을 달에 매장할 계획이라고 밝힌 바 있다. 유골 200g의 가루와 사망자의 이름과 비문이 새겨진 캡슐인데 유골당 비용은 12,500달러라고 한다. 일종의 '달 묘지 사업'을 시작하는 셈이다.

계수나무 밑에 토끼가 방아 찧는 것으로만 알았던 달에 아폴로호가 착륙하여 어릴 적 꿈을 산산조각 내더니 이제 공동묘지 사업이라니 참으로 살다가 별일도 다 있구나 싶다.

이젠 땅에다 뼛가루를 묻기도 어려운 세상이 됐다. 후손들이 조상의 묘를 찾지 않아 폐묘, 무연 분묘가 늘어가지만 해마다 우리나라의 묘지 면적은 늘어가기만 한다.

국민 일인당 주거공간이 4.3평인데 비해 묘지는 1기 당 약 15평이다. 죽은 사람들의 공간이 산사람의 4배 가까이 된다. 해마다 서울 여의도 면적만큼(89만평)이 묘지로 변해간다. 전국토의 1%인 1,000㎢에 달하는 묘지, 이대로 가다가는 살아 있는 사람이 쓸 땅이 부족하게 될 것이다.

카이로시에 가보면 시내 한복판에 거대한 '묘지 도시'가 조성돼 있다. 주택난이 심한 대도시에서 죽어서까지 이처럼 집을 차지하고 있어야 하는지 이해하기 어렵다. 이집트 사람들은 죽은 자를 산자와 마찬가지로 생각하는 독특한 문화를 가지고 있어 '죽은 자가 살 집'을 지어 주는 셈이다.

우리는 부모가 사망하면 멀리 모셔놓고 추석이나 설날 꽉 막힌 도로를 북새통속에 견디며 성묘한다. 물론 고향에 모셔 놓고 도시에 와서 사니까 별 수 없는 노릇이기는 하지만 무엇보다도 땅이 좁다는 사실 하나만으로도 이집트와는 사정이 다르다.

다행히 장묘에 관한 의식이 크게 바뀌고 있어 우리도 지혜를 모으고 노력하면 무언가 해결의 실마리를 찾을 수 있을 것이다.

사회지도층 인사들이 앞장서서 화장유언이나 화장장려운동을 벌여 온 것이 크게 호응을 얻어 앞으로 화장률은 크게 높아질 것으로 보인다. 서울시민의 화장률이 50%를 넘어 섰다는 것은 우리의 장묘 문화가 바뀌고 있음을 의미한다. 국민의 61.4%가 화장을 찬성한다는 최근의 한 조사 결과도 있다.

하지만 화장시설의 한계 때문에 여전히 어려움은 남아있다.

서울시의 화장률은 1996년 처음 30%를 넘어선 이후 '98년 36.5%, '99년 41.1%, 2000년 49.5%로 가파르게 상승하다 2001년 2월 마침내 50%를 넘어서 현재 55% 정도를 기록하고 있다.

이로 인해 23기의 화장로를 갖고 있는 벽제화장장은 예비 용량을 뺀 적정 처리용량이 하루 61건 정도이나 최근엔 평균 76건을 처리, 한계 용량을 크게 초과하고 있는 상태다. 이 화장장의 화장 건수는 95~96년 35건에 불과했으나 매년 15~20%씩 급속히 늘었다.

얼마 전에는 벽제화장장의 하루 적정처리 건수의 두 배에 달하는 120여건의 신청이 들어와 예비 화장로까지 풀가동하고도 모자라 마지막 화장을 오후 5시에서 7시로 한 차례 더 늘려 치르는 소동을 빚기도 했다.

화장장뿐만 아니라 납골시설도 이미 포화상태에 달해 시립 추모의 집은 지난해 모두 만장(滿葬)됐고 경기 파주시 용미리 소재 제2추모의 집도 거의 꽉 찬 상태다.

화장장과 납골당을 추가 확보하지 못할 경우 화장률이 70%를 넘어설 4~5년 이내에 장묘 대란이 일어날 것으로 우려된다. 고향에 선산이라도 있으면 몰라도 대부분의 사람들은 노부모의 산소에 대해 걱정하지 않을 수가 없다. 수도권 부근에 공원묘지가 몇 군데 있지만 이미 꽉 찬 지 오래고, 묘자리가 있다고 해도 비용이 엄청나다.

유교문화와 농경시대의 사회 규범이었던 매장 문화를 지금과 같은 높은 인구 밀도의 대도시에서 그대로 답습할 수는 없다. 앞으로 거대한 호화분묘를 쓰는 것은 스스로가 조상에게 효를 다한다고 생각할는지 모르지만 참으로 부끄러운 일이고 날이 갈수록 조상을 욕되게 하는 일이 될 것이다.

원래 인류는 시대와 풍습에 따라 매장과 화장, 수장과 풍장(風葬), 조장(鳥葬) 등 여러 가지 장법을 사용해 왔다. 일반적으로 매장이 널리 쓰여져 왔다. 매장문화가 인류역사에 많은 문화유산을 남긴 것은 부인할 수 없다.

그러나 꼭 땅에 그대로 묻어야만 사후 세계를 안락하게 하고 후손들에게 복을 가져다 줄 것이라고 믿는 것은 큰 오산이다.

아니 그렇게 믿는다고 해도 이제 더 이상 들어설 땅이 없다. 이젠 장묘법이 개정되어 길어도 60년 이상은 분묘를 유지할 수 없고, 묘지 면적도 크게 줄어들었다. 여기에 화장을 위한 시민운동 등으로 화장률이 높아가고 있는 것이다.

그러나 정작 화장장이나 납골시설, 장례식장은 절대적으로 부족한 실정이다. 시대의 변화에 발 맞추어 제도가 변해야 하고 제도 변화에 따라 여건이 마련돼야 하는데 그렇지가 못해서 문제다.

인구 천만 명이 넘는 서울과 수도권에 화장장이 겨우 4개소에 불과하여 도저히 처리 능력이 수요를 따라 갈 수가 없다. 그래서 망자에 대한 예의는커녕 몇 시간씩 대기하거나 다른 시설을 찾아 나서는 등 북새통이다.

화장과 납골당 시설이 부족한 것은 지금까지 관련법의 규제나 화장시설을 혐오하는 지역주민들의 부정적 의식 때문이다. 건축법, 도시계획법 등 도심지와 주택가 등에는 화장장이나 납골당은 물론 장례식장 마저도 설치 할 수 없도록 규제해 왔다. 그리고 이런 시설들이 갖는 부정적 이미지가 우리의 생활 속에 뿌리깊기 때문이다.

일본은 물론이고 다른 나라들이 동네 어귀나 심지어 공공 건물 내에 납골이나 묘를 두고 있는 것과 대조적이다. 요즈음 웬만한 병원마다 장례식장은 깨끗한 정도를 지나 호화롭게 꾸미고 있지만 막상 망자가 갈 곳은 마땅치가 않다.

지난 15대 국회 때 어느 의원이 '한시적 매장제도'에 대한 입법 과정에서 "헌법상 사자의 행복 추구권에 위배된다"며 반대를 한 적이 있다고 한다. 사자의 행복도 문제지만 우리의 매장에 대한 맹

신주의를 버려야 한다.

화장장에 대한 부정적 인상을 씻어낼 새로운 어휘를 찾아내고 위생적이고 쾌적한 시설 환경을 갖춘 화장시설의 모델을 만들어 거부감 없는 생활의 한 부분으로 받아 들여질 수 있도록 지혜를 모아야 한다.

미국 LA의 야외납골시설은 아름다운 공원으로 조성돼 많은 시민과 관광객이 찾아 들고 있으며, 일본 다치가와 성원은 주택가 한 복판에 있는 화장장으로서 무연·무취·무분진으로 환경문제가 전혀 없다.

미국 로즈힐 추모공원과 장례식장은 600여 종류의 장미 천여그루가 어우러져 말 그대로 장미정원으로 조성돼 입구에서부터 묘지에 대한 어두운 이미지를 바꾸고 있다. 사무실, 회의실, 꽃집, 대기실 등이 있는 관리동과 장례식장, 매장시설과 화장장, 납골시설, 장례식을 위해 예배를 드리는 예배당 등이 적소에 위치해 있다.

우리 나라도 외국처럼 납골시설이 혐오시설이 아닌 쾌적한 생활 공간으로 태어나야 한다.

서울시에서 새로운 시설의 '추모의 집'을 건립하려 해도 해당 지역 사람들의 반대로 큰 어려움을 겪고 있다. 물론 그곳 시민들도 화장자체에 반대하는 것은 아니고 다만 '그곳'은 안된다는 것이다.

참으로 난처한 일이다. 서울시장이 독단으로 정한 것도 아니고 시민대표들이 참여하는 부지 선정위원회에서 그곳이 가장 적당하다고 하여 설치하자는데 다른 곳은 몰라도 그곳은 안된다고 한다. 화장장 설치를 반대하는 운동본부까지 만들어 조직적으로 반대에 나서고 있어 지역이기주의란 말을 듣기도 한다.

물론 화장장이 갖는 지금까지의 부정적인 이미지, 처리과정에서 나오는 냄새, 영구차들의 빈번한 왕래 등등 유쾌한 것은 없다는 점

때문에 이해 할 수는 있다. 그러나 행정은 설득이고 시민은 합리적인 안에 대해서는 수긍해야 한다. 그래야 도시가 운영된다.

그런데 아주 놀라운 것은 주민을 이해시키고 설득해야 할 지방자치단체가 모든 수단을 동원해 추모공원 건립 저지에 나섰다는 점이다.

문제는 우리가 원하든 원치 않든 생활에 불가피한 시설이므로 어떻게 하면 환경친화적이고 거부감 없는 생활시설로 만드느냐가 중요하다. 아니 거부감이 없는 정도가 아니라 외국의 경우처럼 쾌적한 공원시설이 돼야 한다.

마침 시장공관도 그곳에 짓겠다고 하는데 좋은 생각이고 시설에 대한 신뢰감도 갖게 한다.

어쨌든 화장장이 혐오시설이라는 오명을 벗자면 시간이 더 걸릴 것이다. 시설 개선을 하고 시민 운동과 아울러 정부나 지방자치단체에서 적극적인 홍보를 해야 한다. 그리고 매장에 대한 억제책과 동시에 화장에 대한 인센티브를 주는 정책을 지속적으로 펴야 한다.

머지 않아 이런 문제들이 해결될 것으로 기대해본다.

감사할 줄 아는 노년

 늙으면서 감사하다는 생각을 많이 할 수 있다면 그 것만으로도 행복한 노년이다.

감사할 줄 아는 한 몸이 말을 듣지 않고 눈도 흐리고 귀가 잘 안 들려도 그 사람은 삶을 소중히 여기는 사람이며 아름답고 멋진 노년을 보낼 수 있는 사람이다.

그런데 대체로 노인들은 감사하는 데 인색하다. 자신의 활동영역이 줄어들고, 보고 듣는 정보의 양도 적어지고 주위로부터의 관심이 멀어지면서 무엇인가 야속하고 불만스럽다는 생각을 갖게 된다. 설혹 감사하다고 말을 하는 경우에도 속으로는 불만으로 가득할 때가 많다. 아마도 감사하는 마음이 없어지는 것이 노화의 한 현상으로 나타나는 것인지도 모른다.

그런가 하면 겉으로 나타나는 작은 일 가지고도 노인은 감사하게 생각한다. 즉 자신에게 이득이 되는 일이면 감사하다는 말을 하고 그와 같은 말에는 또 다른 이득을 기대하는 심리가 숨어 있다.

여기서 얘기 하고자 하는 감사는 나에게 이득이 있고 없고가 아니라 사회에 대한 감사, 이웃에 대한 감사, 나라에 대한 감사, 지금 까지 나를 지켜주고 늙기까지 보호해준 하늘에 대한 감사이다. 나 아가 고통 속에서도 감사할 줄 아는 마음이다.

사실 말이 그렇지 고통과 불만 속에서 감사함을 찾는 것은 그리 쉬운 일이 아니다. 그러나 감사는 우리에게 행복을 가져다준다. 감 사만이 최후에 남겨진 고귀한 인간의 임무이다.

그리고 감사할 것이 하나도 없는 인생이란 없다. 매일아침 일어 나서 맑은 공기를 마실 수 있다는 것만도 얼마나 감사한 일인가. 매일 아침 떠오르는 해이지만 오늘도 밝은 해를 맞으며 움직일 수 있다는 것 또한 얼마나 감사한 일인가.

아무리 불만스러운 생활이라도, 또 짜증스럽고 섭섭한 일들이 있더라도 나는 누군가의 힘으로 여기까지 살아온 것이다. 미워할 대상보다는 감사해야 할 대상이 대부분이다. 밥 한 그릇이 나의 식 탁에 오르기까지 얼마나 많은 감사함이 집합되어 있는가. 우리는 그 감사함 속에서 서로가 살아가고 있다.

불특정인들에게 감사하다는 생각을 갖는 것은 참으로 행복한 것 이다. 그런데 많은 사람들은 이 작고 간단한 생각들을 저버리고 불 만 속에 어렵게 살아가고 있다. 그것은 곧 불행이다.

사람이 마음으로부터 진정 감사하고 있는가 아닌가는 얼굴에 금 방 나타난다. 말끝마다 감사하다고 해도 마음속과 다르면 얼굴 표 정에 나타나게 마련이다. 국회에서 의원들은 흔히 "존경하는 아무 개 의원"이라고 표현한다. 그런데 국회가 그토록 싸우는 것을 보면 서로 존경하는지 안 하는지 알 수가 없다.

사람들은 불만이나 빈정거릴 일이 있을 때에도 표현을 "고맙구 먼"이라고 말한다. 그러나 이런 식의 표현을 자주 하다 보면 얼굴 부터가 '빈정거리는' 형상이 되고 만다.

비단 나이 먹은 사람만이 아니라 요즘 젊은 세대에서도 '감사합니다'라고 말하는 사람들이 많지 않다. 모든 것을 자기 스스로의 힘으로 해내고 벤처나 주식으로 떼돈을 벌어 젊음의 위대함이 머리 속에 새겨져서 그런지 감사함보다는 도전의식이 젊은이들의 미학처럼 여겨지기도 한다.

어떨때는 현재의 청년층들이 사회의 주인이 되는 시기로 접어들면 물질적 풍요 속에서 불만에 찬 사람들로 무질서한 가운데 사회가 구심점 없이 굴러갈 것 같다는 불안한 생각이 든다.

학교에서도 감사함보다는 경쟁에서 이기는 방법만을 가르친다. 그래서 이들이 사회에 나오면 자신이 소속된 집단만을 생각하는 집단 이기주의에 사로잡히곤 한다. 때로는 그들의 목소리가 온 나라를 고통에 몰아 넣기도 한다.

우리 사회의 문제는 대개가 집단 이기주의에서 비롯된다. 사회생활을 하면서 몸에 밴 이기심은 은퇴한 후에도 불평과 불만으로 나타나며, 다 늙은 사람들끼리도 불협과 갈등 속에서 지내게 된다. 참으로 무서운 일이다.

노년에는 이런 생각을 버려야 한다. 남을 이해하고 너그러울 줄 알아야 한다. 여생은 너그러워야 의미가 있다. 이 세상에서의 생명이 다하는 순간 감사한 마음을 갖는 사람은 행복한 사람이다.

봉사하고 싶다

노년기는 상실의 시기이기도 하지만 동시에 새로운 것에 대한 창조의 시기이기도 하다. 노인도 현대사회에 올바로 적응하여 새로운 노인문화를 확립하고 현대사회의 발전에 기여할 수 있어야 한다.

그것은 여가를 어떻게 활용하느냐에 따라 크게 좌우된다.

특히 노인들은 자유로운 시간이 많고 자발적으로 사회봉사에 참여할 수가 있다. 노인들이 갖는 자유로운 시간을 사회가 유용하게 활용할 수 있는 방안을 강구한다면 자선·계몽·선도·지역협력 등의 사회활동에 적극적인 기여를 할 수 있을 것이다. 또한 사회 속의 비공식적인 구심체로서 활용될 수 있을 것이다.

더구나 고학력 노인들이 증가하면서 이들이 전문분야에서 쌓은 경험과 지식을 사회봉사를 위하여 계속 활용할 수 있다면 엄청난 사회적 자산이 될 것이다. 또한 노인 자신으로선 노후에 사는 보람을 얻는 일이 될 것이다.

지금의 노인들은 옛날보다 젊고 더 배우고 싶고 더 일하고 싶고 사회 속에서 무엇인가 역할을 맡고 싶어 한다. 하지만 현실은 그렇지가 못하다.

노인이 사회에 참여한다는 것은, 첫째 노인 자신의 권익보호를 위하여 압력단체로 작용하는 형태, 둘째 노인이긴 하지만 일반 사회의 구성원과 똑같은 자격으로 각종 단체활동·사회활동에 가담하는 경우, 셋째 노인은 부양 받는 존재만이 아니라 이 사회를 위하여 봉사하여야겠다는 각종 사회봉사 형태로 나타나게 된다.

사회는 이와 같은 노인들의 참여 욕구를 충족시켜 줄 수 있는 시스템을 갖춰야 한다.

그러나 우리사회에서는 지금까지 노인의 사회참여는 크게 논의되어 본 일도 없을 뿐 아니라 조기퇴직 등으로 오히려 그 활동영역을 축소해가고 있다.

또 노인 스스로도 사회참여에 대한 올바른 인식을 하지 못한 것이 사실이다. 노인이라고 해서 사회적으로 유용한 일을 하고 싶고 자신을 나타내고 역할 속에 보람을 갖고자 하는 욕구가 없을 리가 없다. 다만 혼자서는 너무 무기력하게 느끼기 때문에 적극성을 띠지 못하는 것뿐이다.

소득활동은 하지 못하더라도 자신이 지금까지 쌓아온 경험과 지식으로 사회에 봉사하고자 하는 노인들의 숫자가 점점 많아져 가고 있고 또 노년에 개별적으로 그와 같은 보람있는 일을 하는 사람들이 많이 있다.

따라서 지역별로 이들의 활동을 도울 수 있는 체제를 갖추는 일이 중요하다. 노인봉사단체를 구성하여 정부나 지방자치단체로부터 약간의 지원을 받는다면 조직적인 봉사활동을 쉽게 펼칠 수 있을 것이다.

근본적으로는 노인여가활동에 관한 새로운 개념 정립이 있어야 한다.

노인여가 중 가장 발전된 형태 또는 궁극적으로 지향해야 할 여가형태는 자신의 문제를 어느 정도 해결해 가면서 사회봉사 활동에 시간을 보내는 것이다.

따라서 노인여가활동 프로그램도 각자의 취미·오락·교양 등에서 시작하여 그것으로 끝나고 마는 것이 아니라 사회참여 활동, 특히 사회봉사 활동과 자아의 완성이라는 수준 높은 단계로까지 발전시켜 나가는 것이 바람직하다.

이것은 새로운 노인문화의 정립과도 관련이 깊다. 전통적으로 우리 나라 노인은 사회의 연장자로서 존경받아 왔으나, 현대화하면서 그 역할이 점차 미약해졌다. 그래서 노인이 되면 의례 다른 사람으로부터 봉사를 받는 수혜자로 인식되기 쉽다. 그러나 사회봉사에 나서서 남을 돕는 일을 하는 것은 참으로 소중한 일이다. 남을 돕는 것만큼 보람있는 일은 없으며 나이가 들수록 그 보람은 더 한 것이기 때문이다.

우리 나라에서도 최근 노인 활동이 조직화되고 특히 종교기관들이 앞장서서 노인들의 봉사활동 프로그램을 많이 하고 있다. 그러나 아직 전국적으로 조직을 갖고 전문 봉사 프로그램을 공급하는 노인단체는 그리 눈에 띄지 않는다.

따라서 이와 같은 단체를 육성하고 활동을 확대해 나가면 매우 유익한 봉사자원을 얻는 것이 된다.

앞으로 경제적으로도 여유 있는 고학력 노인들이 중심이 되어 수준 높은 봉사활동을 벌일 수 있을 것이다. 사회복지자원을 개발·활용하는 것은 복지정책의 중요한 과제다. 또 노인의 입장에서도 노후에 봉사활동으로 보람을 찾는 것은 매우 의미 있는 일이다.

교육가 페스탈로찌가 '나는 나의 노경을 위 아래로 봉사하는 데 쓴 것을 내 생애의 영광으로 생각한다'고 한 말은 노인들에게 생의 좌우명이 될 만한 말이다.

이웃을 위하여 자기의 경험을 토대로 봉사하며 살아가는 삶이야 말로 노경에 맺는 아름다운 열매가 될 것이다.

노인들의 바람직한 여가활동

- 노인들의 교양, 건강 및 기타 생활에 가치가 있는 것
- 가시적인 성과가 속히 나타나고 노인들에게 용기를 주며 인정받을 수 있는 것
- 창조적이고 노인들의 취미향상에 도움이 되는 것
- 새로운 지식과 기술습득에 도움이 되는 것
- 정당한 방법으로 노인의 권익과 위치를 확보할 수 있는 것
- 사회와의 교류를 조장하고 노인의 일상생활을 풍부하게 하는 것

러브 어게인

비반 키드론이 감독한 영화 "러브 어게인"의 원제는 '용도가 다된 사람들'(Used people), 그러니까 늙어서 이제 쓸모 없는 사람들을 뜻한다. 하지만 영화의 내용은 늙어서 더욱 삶의 활력을 찾는다는 것이어서 우리들의 관심을 끈다.

"러브 어게인"은 모든 것이 끝났다고 생각되는 노인에게 새로운 삶의 동기를 발견케 한다. 1969년 뉴욕을 배경으로 한 이 영화는 유대계 부인 펄 버만(셜리 맥클레인)이 37년간을 같이 살아온 남편의 장례식 날 생전 처음으로 보는 어느 이탈리아 남자의 문상을 받는 것에서 시작한다.

참으로 놀랍게도 조 멜레단드리라는 이름의 이 신사는 23년 전 부엌 창문으로 남편과 춤추는 펄을 언뜻 본 후 줄곧 그녀를 사모하며 기다려 왔다면서 데이트를 신청한다. 평소 분명하고 완고한 편인 펄은 장난기 있는 행동을 용납할 줄 모르는 데도 불구하고 조에 대한 자신의 너그러움에 스스로 당혹해 한다.

결국 그녀는 자신의 텅 빈 가슴을 메워줄 대상으로 이 남자를 받아들인다. 펄은 남편의 친구이기도 한 조를 통해 오히려 죽은 남편의 초상에서 빠진 그림조각을 메우게 된다. 그리고 조를 가까이 느끼게 된다. 노년의 인간관계는 부족함을 메우고 나누는 친구 같은 관계다.

젊은 날에는 무한한 가능성의 세계를 향해 힘껏 달린다. 때로는 좌절하기도 하고 때로는 자신의 능력에 자만하기도 한다. 그러나 나이가 들면 가능성 속에서 불가능을 발견하게 되고 그 불가능이 때로는 나를 성장케 한다는 것도 터득하게 된다.

인생에서 발생하는 모든 희로애락은 그 자체가 교훈이요, 성장이다. 그래서 '인생은 미완성'인 채 서서히 저물어 간다. 미완성끼리 만나서 서로가 보탬이 되어주고 나누는 것이 사람의 성장이다. 인생의 황혼녘에 필요한 것은 바로 이러한 친구이다.

우리의 몸과 마음은 한 시기를 마감하고 다음시기로 넘어갈 때마다 크고 작은 갈등을 감당해야 한다. 노년의 문턱에서도 이런 과정을 겪게 된다. 사춘기 때와 달리 대부분의 사람들이 아직 다다르지 못한 시기이기 때문에 노년에 대해 베풀어지는 관심이 상대적으로 인색할 뿐이다.

늙어 감을 그저 한탄만 하거나 스트레스에 갇혀 있을 일이 아니다. 그리고 고집스럽게 혼자 살아갈 일도 아니다.

노년은 지금까지 살아온 경험의 중량으로 인해 완고해 지기도 쉽지만, 거꾸로 그 체험의 폭으로 다양한 세대와 이해의 눈빛을 나눌 수 있는 나이이기도 하다. 비록 남녀간이 아니라도 이 세상 모든 것에 대해서 '러브 어게인'을 할 수 있어야 한다. 물론 쉬운 일은 아니다.

인간은 죽음이 올 때까지 계속 성장하는 존재이다. 서글픈 것 투성이인 것처럼 보이는 노화의 징후 속에서도 한사람을 더 깊고

풍요롭게 만들만한 요소들이 얼마든지 있다. 지금까지 살아오면서 체험한 것들이 대답이 될 수 있다. 바로 이것을 찾아내야 한다. 그리고 나 자신을 풍요롭게 마감할 준비를 해야 한다. 그것은 외로움이나 고통이 아니다.

둔해지는 감각과 쇠퇴하는 신체기능을 슬퍼하기보다 고통에 대해 의연해 질 수 있는 마음을 가질 수 있음을 기뻐해야 한다. 건망증을 한탄하기보다 갈수록 또렷해지는 먼 기억들의 아름다움을 즐길 수 있다면, 우리는 노년이라는 한적하고도 좁은 길에서 황금연못을 찾을 수 있을 것이다.

나를 이해해 주지 않음에 대한 섭섭함에서 벗어나 남을 이해하는 넓은 길을 걸을 수 있다면 노년은 결코 상실의 시기가 아니다.

살아 있는 동안 인간으로서의 '용도'가 다 될 수는 없다.

신앙이 장수케 한다

성경에서 사람의 수명과 관련된 기록을 찾아보면 최초의 인간이었던 아담은 930년을 살았고 그 이후의 노아는 950세까지 살았다. 그러나 하나님의 심판이었던 대홍수를 거치면서 성서 속의 인간의 수명은 급격히 줄어들게 되어 아브라함은 175세, 모세는 120세 그리고 야곱이 147세를 살았으며 요셉은 110세까지 살았다.

역사적으로도 인간의 수명은 전쟁이나 질병으로 인해 짧을 수밖에 없었지만 의학의 발달과 과학적 건강관리, 영양섭취 등으로 계속 수명이 연장되는 추세에 있다.

신앙을 가진 사람이 그렇지 않은 사람보다 더 오래 산다는 조사는 많이 있었다. 영국의 전문지 『데모그라피』에서 조사한 바에 의하면 교회 등의 종교적 예식에 매주 나가는 사람은 그렇지 않은 사람보다 오래 산다고 한다.

이는 지난 87년에 미국의 의료설문조사를 받은 28,000명 중 이후 사망한 2,000명을 대상으로 분석한 결과로서 20세 된 사람을 기준으로 예배에 매주 한차례 이상 나가는 사람들의 예상 평균 수명은 82세, 그렇지 않은 사람들은 75세로 나타났다고 밝혔다.

즉 종교집회에 최소한 매주 한차례 이상 참여하는 사람의 평균 수명이 그렇지 않은 사람보다 7년이나 많은 것으로 나타났으며 특히 흑인들의 경우엔 무려 14년이나 차이나는 것으로 조사됐다고 한다.

아무래도 신앙을 갖고 열심히 집회에 참여하면 마음의 안정을 가질 수 있고, 서로 의지하고 대화를 나눌 수 있는 친구가 생기며, 신앙인으로서의 심리적 확신이 생겨 수명에 영향을 미치는 것으로 보여진다.

몇 년 전 우리 나라의 한 생명보험회사에서 80세 이상의 노인 500명에 대하여 실시한 조사에서도 장수의 비결로 '마음의 평안'을 으뜸으로 꼽았다. 실제로 신앙 등으로 마음의 평안을 얻어 오래 살고 있는 사람이 35%나 되는 것으로 나타났다.

미국 듀크대 메디컬센터의 쾨니그 교수가 노인 4,000명을 상대로 실시한 임상관찰 조사에 의하면 기도나 명상 등 종교생활을 하는 사람들은 그렇지 않은 사람들보다 더 오래 산다고 한다.

반대로 종교생활을 전혀 하지 않는 노인들은 한 달에 한 번 이상 기도나 명상을 하는 노인들보다 사망 확률이 50% 더 높은 것으로 나타났다.

쾨니그 교수는 그 원인을 "기도하는 사람들은 스트레스를 덜 받기 때문인 것 같다"며 기독교가 아닌 다른 종교의 기도와 명상도 건강에 도움이 된다"고 설명했다. 기도나 명상이 스트레스를 유발하는 호르몬의 생성을 낮춤으로써 혈압상승이나 면역력저하 등을 예방하는 효과를 보여주기 때문이다.

종교생활이 건강에 도움이 된다는 가설은 이전에도 몇 차례 제기된 바 있다. 미국심장협회는 명상이 동맥경화를 억제하는 효과가 있다는 연구결과를 2000년 협회 학술지에 발표했었다. UCLA대 연구팀 등이 목 부분에 동맥경화가 있는 흑인 60명을 상대로 관찰한 결과 7개월 간 하루 두 번씩 명상을 한 환자들은 동맥 속의 혈전이 현저히 줄어든 반면 그렇지 않은 환자들은 동맥경화가 심화됐다는 것이다.

캔자스시티의 성 루가 병원이 심장병 환자 천 명을 대상으로 실시한 관찰결과에 따르면 기독교의 한 기도 모임에서 쾌유 기도를 받은 환자들이 그렇지 않은 환자들보다 병세가 호전됐다는 보고도 있었다. 우리 나라에서도 기도로 병을 치유하는 경우가 많이 있고 암환자가 기도원에 들어가서 완쾌됐다는 사례도 적지 않게 있다.

일각에서는 이 같은 방법이 사람들에게 '질병은 나쁜 행동에 대한 벌'이라는 잘못된 인식을 심어줄 수 있다고 비판하기도 한다. 그러나 이 분야의 임상관찰 관계자들은 종교와 건강간에는 분명히 상관관계가 있다고 주장한다.

물질 문명의 발달과 더불어 건강과 장수에 대한 욕구도 많아졌고 첨단 의료기술과 갖가지 의약품의 개발로 평균 수명도 늘어나기는 했지만 성경에서는 하나님을 경외하며(잠언 10:27) 말씀에 순종하고(신명기 30:20) 부모를 공경하며(에베소서 6:1) 탐욕을 멀리하는(잠언 28:16) 사람이 장수할 수 있노라고 가르치고 있다.

노인이 될수록 평소에 평온한 마음을 가지고 명상에 잠기며 미움도 욕심도 버리고, 보람있고 아름다운 일만 추억으로 간직하며 신앙생활에 열중하는 것은 비단 장수와 관계가 있기 때문이라기보다 자신의 남은 인생이 보다 더 의미 있는 것이 되기 위해서도 필요하기 때문이다.

교회가 나서라

건강은 육체적인 측면뿐만 아니라 정신적인 측면이 중요하다. 신앙생활은 노년으로 하여금 이 두 가지 건강을 모두 지킬 수 있게 한다.

비록 신체적인 기능이 약해지더라도 신앙이 외로움을 해소해주는 등 심리적인 지원이 되기 때문이다. 또한 나이를 먹어가는 것에 대해서도 불안하게 생각하기보다는 긍정적으로 받아들이고 있어 질병에 걸리는 비율도 낮은 것으로 나타났다.

미국 남 캘리포니아대학 연구팀이 노인의 신앙생활과 관련하여 실시한 조사에 따르면 종교적으로 왕성한 활동을 하고 있는 사람들이 종교활동을 하고 있지 않은 사람들보다 미래에 대해 낙관적이며 질병에 대해서도 능동적으로 대처하고 있다고 한다.

조사 대상자들의 대부분은 어려울 때에 기도생활이 가장 큰 도움이 됐다고 응답했고 84%가 신앙생활이 외로움을 해소해 준다고 말했다. 질병에 걸렸거나 가족들을 알아보지 못할 정도로 의식이 흐려진 상태에서도 교회예배나 기도회 등에 참석하거나 간호사들이 손을 잡고 기도해주는 것이 치료에 도움이 되는 것으로 나타났다고 한다.

그 결과 나이 든 신자들에 대해 별다른 관심을 갖고 있지 않은 미국교회에게 노인층에 대한 새로운 프로그램을 마련할 필요성을 일깨워주고 있다고 조사 보고서에서 지적하고 있다.

포클랜드대학의 로버트 더프 교수는 "노인들에게 있어 종교활동이 차지하는 비중을 무시하는 것은 종교단체들의 큰 실수"라고 지적하고 미국사회의 정신적·신체적 건강을 위해서라도 미국교회가 노인층에 대해 보다 많은 관심을 기울여야 할 것이라고 강조한 바 있다.

어디 이것이 미국의 경우에만 해당되는 현상인가. 노인들에 대해 전문적인 프로그램이나 배려가 부족한 우리 나라 교회에서도 귀 기울여야 할 일이다.

보다 편리한 교통수단 제공, 교회 동행봉사, 신앙 통신강좌, 방문예배 등 다양한 프로그램을 개발하여 인생황혼기에 있는 노인들에게 봉사한다면 신앙도 더욱 높아지고 아울러 노후건강 생활에 크게 도움이 될 것이다.

그런데 한국교회는 노인문제에 관심이 있는가. 크리스천들은 노인들을 부모 형제처럼 존경하며 사랑으로 대하고 있는가. 서울 변두리에 위치한 노인 수용시설 등에는 많은 노인들이 자식을 두고도 생의 마지막을 외롭게 보내고 있는데 한국교회는 과연 그들에게 어떤 역할을 하고 있는가.

노인문제가 심각한 사회문제로 떠오르면서 "이제는 교회가 소외된 노인들에게 관심을 가져야 한다"는 자성의 목소리와 더불어 스스로 노인복지를 위한 프로그램을 개발하고 실천해야 한다는 주장이 나오고 있다. 이는 성경의 가르침이나 사회현실에 비추어 매우 바람직한 일이다.

이제 교회는 노인들의 영적 욕구를 충족시켜 주고, 노인문제를 교인들에게 교육하며 노인 개개인을 돕는 프로그램을 마련해야 한다. 소외된 노인들에게 더욱 접근해서 인생의 황혼기를 소망을 갖고 지낼 수 있도록 뜨거운 관심을 기울여야 한다.

대체적으로 많은 노인들이 불안과 무용성, 죽음에 대한 두려움, 혹은 과거의 실패에 대한 후회감을 가지고 있다. 그렇기 때문에 목회자는 예배시의 설교나 각종 모임에서 노인들이 가지는 영적 욕구를 충족시킬 책임이 있다. 여생을 편안하게 하기 위한 노인아파트 건립도 중요하고 실버산업도 중요하지만 노인문제를 교회차원으로 끌어들여 노인 공경이 하나님이 주신 축복임을 가르쳐야 한다.

현재 교회가 운영하고 있는 노인복지 시설은 전국적으로 경로학교 300여 개, 양로원 및 요양원이 150여 개에 이르는 것으로 알려져 있다. 그러나 우리 나라에서 65세 이상 노인만 해도 그 수가 337만명이나 되고 노인 다섯 명 중 한 명은 거동하기가 어려운 상태이다. 특히 홀로 사는 노인들이 증가해가고 있는 것을 고려한다면 크게 부족한 숫자라고 할 수 있다.

이제는 교회도 노인들이 그들의 노후를 어떻게 보내고 있는가에 깊은 관심을 가져야 하고, 그들이 의미 있고 창조적인 생활을 할 수 있도록 목회적 관심을 가져야 한다.

지역사회 조사를 통해 특히 홀로 사는 노인들과 생활이 어려운 노인들의 실태 파악을 하고 경제적인 지원뿐만 아니라 그들의 영혼과 관련된 프로그램을 펴야 한다. 목회자들은 목회상담과 영생교육을 통해 노인들의 소외감과 불안감, 죽음에 대한 두려움 등을 극복할 수 있도록 다각적인 프로그램을 적극적으로 실시해 나가야 한다.

최근 한국교회가 노인들을 부모와 형제처럼 존경하고 사랑하는 가에 대한 비판이 제기되고 있다. 서울 장로회신학교 강석렬 교수는 "한국교회와 교인들이 받는 이 같은 비판은 신학의 중요한 주체인 노인에 대한 올바른 이해가 없기 때문"이라고 지적했다.

한국교회는 노인들만이 갖고 있는 지적, 사회적, 정신적, 신체적 영역을 사회 속에서 조화시켜 나갈 수 있도록 조정역할을 해야 한다. 그렇게 하기 위해서는 무엇보다도 교인들로 하여금 노인에 대한 성서적 이해를 갖도록 노력하는 것이 중요하다.

성경은 노인을 지혜롭게 생각하고(욥기 12:12, 32:7) 존경해야 할 대상(레위기 19:32)임을 밝히고 있다. 또한 노년을 그 가문이나 부족의 지혜와 지도적 권좌에 두어 노경이 인생의 황금기임을 가르친다. "늙어도 결실하며 진액이 풍족하고 빛이 청청하다"(시편 92:14)고 노래한 것처럼 늙음을 단지 퇴화과정이나 무기력해지는 현상으로 보는 것이 아니라, 새로운 앞날을 바라보는 눈이 뜨이며, 젊음의 때에 생각조차 할 수 없었던 인격의 개화를 이루는 때임을 가르친다.

교회에서 장로(長老)는 곧 원숙한 노인을 뜻하기도 한다. 원래 장로(Elder)는 히브리어 '자켄'(Za-ken)과 헬라어 '프레스 부테로스'(Press butteros)에서 번역된 말인데 그 어원의 의미가 늙음, 나이 많은 것을 나타내는 말이다. 곧 장로는 노년의 권자를 말한다. 성경에 나타난 장로의 위치는 종교적 기능에서 지도자임은 물론 가족과 부족의 장이었고, 정치를 자문하는 위치에 있었으며, 싸움의 지휘관으로서, 재판관으로서, 권면자로서 그 공동체의 핵심을 이루고 있었다.

곧 장로들 70인이 이스라엘 민족을 대표하였음을 알 수 있다.

이로서 "너는 센 머리 앞에 일어서고 노인의 얼굴을 공경하며 네 하나님을 경외하라"(레위기 19:32)고 가르치신 말씀과 같이 노인 존경사상은 웃어른으로서 대접하는 공경이 아니라 권위와 지혜의 근원으로서 존경해야 할 것을 가르쳤다.

비단 기독교뿐만 아니라 현대 이전의 대부분의 국가들은 노인의 권위를 존중해왔다. 로마의 원로원 제도와 조선왕조 사회의 노인 권위는 절대적이었다.

그러나 급격한 사회 변동으로 인한 노인지위의 전락은 각 분야에서 나타났으며 교회에서의 노인 지위도 예외는 아니었다.

조진형 목사는 "한국교회가 노인존엄을 인식하지 못하고 목회자 일변도의 운영을 하고 있음은 부끄러운 현상"이라고 지적하였다.

날로 증가추세에 있는 노인들에 대해 한국교회가 관심을 갖고 효과적인 선교방안과 적절한 프로그램을 개발, 보급하는 일은 지극히 당연한 일이다.

그 동안 교회들은 노인들을 위한 전문교육 부서나 경로대학을 운영하는 등 나름대로 선교활동을 전개해왔다. 그러나 실상 한국교회가 노인들을 위해 쏟는 선교열정이나 인식정도는 초보적인 단계를 넘어서지 못하고 있었다. 그래서 노인들은 교회행사나 선교 활동에 적지 않은 불만을 갖고 있으며 심한 소외감마저 느끼고 있다는 것이 통계결과 나타났다.

많은 교회들이 은퇴 장로제나 은퇴 권사제를 도입, 일흔 이상의 노인들이 교회행정에 참여하지 않도록 권유함으로써 생기는 불만도 적지 않다고 한다. 또한 많은 수의 노인들이 교회에서 자신들을 반가워하지 않는다고 생각하고 있으며, 그 이유를 자신들이 교회에 구체적으로 공헌하는 것이 없기 때문으로 인식하고 있다.

노인들을 대상으로 상담하는 관계기관들에 따르면 상담노인의 상당수가 교회생활을 의욕적으로 하기보다는 피동적인 입장에서 소극적인 신앙자세를 견지하고 있다고 한다. 또 스스로 교회에서 필요 없는 존재로 인식, 자기비하에 빠지는 경우도 많다는 것이다.

따라서 노인선교에 있어서 주의할 점은 노인들에게 삶의 활력과 보람을 찾게 해주는 일이 최우선 과제여야 한다는 점이다. 이를 위해서는 교회내 노인들을 위한 전문교역자 임명, 나이와 지역을 고려한 그룹별 모임 결성, 노인 유휴인력의 적극적인 선교활동 등에 교회가 관심을 가져야 한다.

노인들을 위해 교회가 경로잔치나 효도관광 등 노인위안 행사를 마련하고 경로대학을 운영하는 것도 필요하지만 그것보다 노인들이 전도나 교회행사에 적극적으로 참여, 봉사하도록 유도함으로써 의욕을 고취시키는 것이 더욱 중요하다.

또 노인들은 대부분 여가시간이 많은 편이므로 교회가 노인들의 적성과 특기를 고려해 선교와 봉사에 참여하게 할 경우 큰 효과를 얻을 수 있을 것이다.

교회가 노인에 대해서 특별한 관심을 갖는 동시에 노인들 또한 스스로 적극적인 사고로 참여하고 봉사하는 자세를 가져야 한다. 그리고 이와 같은 프로그램은 전문가에 의해 연구 개발되고 평가되어야 한다.

노인의 신앙생활, 그것은 노인 스스로는 인생을 마무리하는 가장 아름다운 과정이다. 그리고 교회는 노인들로 하여금 신앙을 갖고 참여와 봉사를 할 수 있도록 지원해야 할 책임이 있다.

효(孝)문화 다시 세워야

지난해 유니세프에서 아태지역 17개국 청소년 1만 73명을 대상으로 면접 조사한 결과 한국 청소년들의 어른에 대한 존경심이 최하위인 것으로 나타났다. 참으로 충격적이다. 예로부터 동방예의지국이라고 자랑해 왔던 우리 나라가 어쩌다 이토록 변했는지 참담하기조차 하다.

비록 지난 반세기 동안 세계에서 가장 큰 변화를 겪었다해도 우리가 지켜온 사회적 덕목이나 전통이 근본부터 흔들리고 무너져 내리는 것은 안타까운 일이다. 경제 발전이 우리의 모든 것을 해결해 줄 것 같지만 이미 그렇지 않다는 것이 사회 곳곳에서 나타나고 있다.

가난할 때보다도 조금 재화를 움켜 쥘 때 더 문제가 생긴다하여 옛사람들은 살림이 풍족해질 때 오히려 경계하고 조심하였다. 즉 재물에 지배당하지 않는 사람으로서의 풍요로운 마음 자리가 중요한 것이다. 인간 됨을 잃은 사람들이 모여 사는 사회라면 결국 경제적 부의 의미도 사라지게 된다.

국어사전에 나와 있는 효(孝)의 뜻은 '부모를 잘 섬기는 일', '부모를 정성껏 섬기는 일'로 되어 있다.

원래, 노(老)자에서 아래 획을 생략하고 그 자리에 아들 자(子)자를 받치면 효(孝)라는 글자가 된다. 아들이 늙으신 부모를 업고 있는 것을 나타낸 회의 문자라고 한다. 글자가 나타내는 것처럼 효는 윤리적이기도 하지만 논리적이다. 자식이 어렸을 때는 그 부모가 업어주고 부모가 늙을 때는 그 자식이 업어준다. 논리적으로 따져봐도 정확한 이치이다.

옛부터 우리 나라에서는 노인이 가정에서는 가장이고 사회에서는 어른으로서 확고한 지위를 누려왔다. 그리고 효행의 원리를 효·불효로 구분하여 학습하도록 하였다.

『예기(禮記)』에서 가르치는 효행의 5대 원칙을 보면 첫째, 그 마음을 즐겁게 하며(孝子之養老也 樂其心) 둘째, 그 뜻을 어기지 아니하고(不違其志) 셋째, 그 이목을 즐겁게 하며(樂其耳目) 넷째, 그 침처를 편안하게 하고(安其寢處) 다섯째, 그 음식을 정성껏 마련, 봉양한다(以其飲食忠養之)라고 하였다.

반대로 『고훈(古訓)』에서는 자신의 직분을 바탕으로 하여 불효가 무엇인지를 가르치고 있다.

첫째, 몸가짐과 언동이 단정치 않음이요(居處不莊) 둘째, 나라에 충성하지 않음이요(事國不忠) 셋째, 벼슬과 관직에 있으면서 공손치 않음이요(莅官不敬) 넷째, 벗과 사회생활에서 신의가 없는 일이요(朋友不信) 다섯째, 전쟁에 나아가 용맹이 없는 일이요(戰陣無勇) 등이다. 이와 같은 일을 온전히 하지 못하면 결국 부모에게 염려와 재앙이 미칠 것이니 효라고 할 수 없다는 것이다.

또한 사람됨은 덕의 근본인 효(孝)로부터 출발한다. 내 부모에게 효도할 줄 아는 사람은 남의 부모도 위할 줄을 안다. 그것은 곧

경(敬)이다. 이 효(孝)와 경(敬)은 사람을 사람답게 만드는 근본이면서 사회질서를 의미하는 것이기도 하다. 그러므로 효와 경을 생활화 해나가야 우리 사회가 무질서하게 일그러지지 않는다. 위아래를 분간할 줄 알고 사회 질서 속의 자기 위치를 확인할 줄 알 것이기 때문이다.

동양사상에서는 효도를 모든 행실의 근원이고 인(仁)을 행하는 근본으로 삼았다. 수많은 갖가지 죄 중에서도 불효만큼 무겁게 여겨진 것이 없을 정도로 효도를 중시했다.

그런데 짧은 기간에 전혀 다른 모습으로 변했다. 아니 효는커녕 노인 학대가 크게 사회 문제화 될 지경에 이르렀다.

옛날에는 시어머니가 며느리를 학대하고 새 며느리는 삼 년간은 보지도 듣지도 말도 못하는 학대의 수련기간을 거쳐야 했다. 하지만 경제권과 가사결정권을 자식에게 다 넘겨준 오늘날의 노인들의 상황은 전혀 다르다. 이제 노인의 말은 간섭이고 말참견이고 잔소리로 취급을 받게 되었다. 가정에서는 자식들로부터 학대받고 눈치보는 존재가 되었고 사회에서는 누구하나 거들떠보지 않는 천덕꾸러기가 되고 말았다.

급속한 도시화와 산업화, 핵가족화의 물결이 효를 바탕으로 한 전통적 가정윤리와 가치관을 깨뜨리면서 사회의 기본단위인 가정마저 위기를 맞고 있는 것이 요즈음의 우리 현실이다. 그렇다고 원망하고 한탄만 할 수도 없다. 왜 그렇게 됐는가, 어떻게 해야 할 것인가에 대해 고심하고 해법을 찾아야 한다.

그러자면 어른에 대한 공경도 막연한 경로효친이나 효를 주장하기보다는 이 시대, 우리 가정, 우리 사회에 알맞은 개념과 내용으로 구체화하여 실천할 수 있도록 해야 한다.

특히 가정은 인간이 태어나서 최초로 접하는 공동체로서 그 중요성이 다른 어떤 집단보다도 크므로, 효의 근본적·기초적인 교육과 실천을 담당하는 본래의 역할을 강화해야 한다.

이와 더불어 사회의 질서유지와 지식 함양, 가치관을 재정립하는 측면에서 볼 때 효에 관한 언론매체의 교육적 기능이 더욱 강조되어야 한다.

요즈음 TV드라마에 나오는 대화장면을 보면 어른에 대한 공경이나 존경하는 말은 거의 없다. 마치 언어의 사회 교육적 효과는 생각하지 않는 것 같다. 어른에 대한 반말쯤은 예사이고, 노래 가사에서도 욕설이나 상소리가 거침없이 전파를 타고 나온다.

지금 이 시점에서 효문화의 재정립을 위한 노력을 기울이지 않는다면 앞으로 지금의 청소년들이 나라의 주인이 되는 다음 세대에 가서 엄청난 문제에 부딪칠 것이다.

다행히 우리 나라는 아직도 경로효친 사상의 뿌리가 완강하게 버티고 있다. 비록 현재로서는 청소년들의 효사상이 아시아·태평양 지역에서 꼴찌라고 하더라도 가치관의 재정립과 교육 그리고 사회적 실천 프로그램을 만들어 지속적으로 추진해 나간다면 건강한 사회를 만들 수 있는 여지가 남아 있다.

전국적 규모의 효행상을 수상한 800여명을 대상으로 실시한 조사에서 아직도 우리 사회에 있어서 효는 중요한 덕목이고 그 방법 또한 다양하게 발전되고 있음을 알 수 있다.

효행자들의 과반수가 부모 외에 주변의 다른 사람들까지 도와준 것으로 나타나 개인주의와 핵가족화가 두드러진 요즈음에도 효행의 범위가 가족에서 지역사회로 확대되고 있음을 알 수 있다. 효도를 실천하게 된 동기로는 부모를 존경하기 때문인 경우가 가장 많았고 다음으로 부모에 대한 책임감, 희생정신, 부모에 대한 동정심, 가정화합목적 등의 순이었다.

또한 효행자들의 대부분이 그들의 자녀로부터 또한 효도를 받았다고 응답해 효가 가정화목에 큰 역할을 하고 있음을 알 수 있었다. 이제 효는 젊은이들의 노인에 대한 일방적인 의무가 아니라 보다 더 평등하고 상호 교환적인 부모, 자녀 관계 쪽으로 그 방향이 바뀌어 가고 있음을 엿볼 수 있다.

한편 효의 실천방법으로서 구체적인 프로그램이 개발되어야 한다. 시대의 변화에 따라 노인들의 소망과 욕구도 달라지고 새로운 시설과 서비스가 계속 개발되므로 노인을 모시는 방법에도 변화가 있어야 한다. 지나치게 자식들의 희생을 강요하는 것은 시정되어야 한다.

날이 갈수록 물질적인 것보다 정신적인 효의 프로그램이 중요해지고 있다. 이제는 노인들도 어느 정도 연금이나 저축, 부동산 등으로 경제적인 여유를 갖게 되므로 효의 실천 방법도 달라 질 수밖에 없다. 정부나 사회단체, 교육정책 등에서 이에 대한 구체적인 실천 프로그램을 개발하는 것이 중요하다. 경로효친 사상은 단지 노인을 공경하는 것 이상의 사회적 효과가 있음을 명심해야 한다.

한편 새로운 효문화를 정립하는 데는 노인들 스스로 반성하고 노력하는 자세가 필요하다. 변화하는 시대에 노인도 함께 변하지 않으면 사회가 외면 할 수밖에 없기 때문이다.

앞에서 본 유니세프의 조사결과에서 청소년들은 어른을 존경하지 않는 원인으로 몰개성적 교육풍토와 급속한 산업화로 인한 가치관의 혼재를 지적했다.

어른을 공경하지 않는 이유로 예컨대 잘못을 저지르면 부모들의 76%가 꾸중을 했다는 점을 들고 있는데 이에 대한 어른 세대의 솔직한 반성이 필요하다. 잘못에 대한 지적이나 꾸중보다는 잘하는 점에 대한 칭찬을 더 많이 하는 것이 청소년들에게 부모가 존경받고 가까워지는 방법이다. 따라서 우리의 '칭찬 문화'에 대한 검토가 있어야 한다. 청소년들이 담배 피우고 어른을 폭행하고 학교에서 난동 피우는 일보다, 그들이 잘하는 일 칭찬 받을 일에 대한 사회적 관심이 필요하다.

노인이라고 해서 어떤 경우에나 나이 대접 받는 것이 당연하다고 생각하는 것은 문제다. 이제 단지 나이가 많다는 사실 하나만으로 존경받고 대접받는 시대는 지나갔기 때문이다.

흔히 쓰이는 "나이 값이나 하라"는 말은 나이가 들면 그만큼 판단할 것은 판단하고 지킬 것은 지켜야 한다는 뜻일 게다.

나이가 많다고 해서 지하철이나 버스에 올라타자마자 아이들보고 호통치며 자리 내놓으라는 사람도 있다. 그런가 하면 흐트러진 자세에 아무에게나 막말하며 나이 많음을 내세우는 사람도 있다. 외모는 물론 내면적인 자기 관리를 소홀히 하면 주위에서 어른으로 대접해 줄 수 없다. 나이가 특권은 아니다. 노인도 이 사회에서 지킬 것은 지켜야 한다. 노인들의 나이가 젊은이들의 존경을 받을 수 있다는 생각은 착각이고 무례다.

경로효친사상은 화목한 가정과 단란한 이웃을 이루는 근간이 되고, 나아가 건전한 사회기풍을 조성하는 원동력이 된다. 우리사회에서 이러한 전통적 미풍양속이 사라지는 것은 사회전체의 건전한 행동규범이 흐트러지고 있다는 증거이기도 하다.

더 늦기전에 흐트러진 우리의 가치규범을 다시 재건하는 것이 시급하다. 그것은 어느 한쪽만의 노력으로는 불가능하다. 특히 노인 스스로의 '어른다움'을 위한 노력이 새로운 효문화를 창출하는 데 필수적임을 잊어서는 안된다.

생각하는 노년이 아름답다

'노인'이라고 하면 어릴 적 동화책에서 등장하던 고목나무 밑에 지팡이 짚고 서 있는 산신령을 연상하게 된다. 하얀 머리에 하얀 수염, 기품 있는 얼굴엔 웃음 띤 환한 모습이다. 노인임에도 힘이 있어 보이고 그러면서도 인생을 달관한 도인의 자세이다.

이어령씨에 의하면 원래 한자의 노(老)는 허리 굽은 늙은이가 지팡이를 짚고 있는 모습을 본뜬 상형문자라고 한다. 몇 천년을 무고 내려오는 동안에 그 자형이 많이 변해서인지 아무리 보아도 초라한 늙은이의 모습으로는 보이지 않는다.

오히려 원로(元老)니 노숙(老熟)이니 하는 말 때문인지는 몰라도 그 글자의 인상은 매우 기품이 있어 보인다. 실제로 노인이란 말이 꼭 늙어 꼬부라진 사람만을 가리키는 말은 아니었던 것 같다.

한편, 고(考)자도 노(老)자와 마찬가지로 허리가 굽은 노인을 가리키는 문자였다고 한다. 돌아가진 분을 고(考)라고 부르는 것도 그 때문이다.

매사를 신중하게 생각하고 사려 깊게 행동하는 노인을 뜻했던 고(考)자는 오늘날 상고하고 헤아린다는 뜻으로 변하게 되었다.

많이 변하기는 했지만 우리는 노인이라는 말이 아직도 점잖게 그리고 권위 있게 들리는 나라이다. 노인이라는 말이 가지는 권위와 기품은 영어의 '올드맨'과는 또 다르다. 말만이 그런 것이 아니라 한국의 경우처럼 그렇게 위엄이 있고 당당한 풍모를 한 노인들은 아마도 이 지상에서는 찾아보기 어려웠을 것이다. 우리처럼 초현대식 고층 빌딩이 늘어선 거리를 효도관광의 띠를 두른 버스가 질주하고 있는 그런 도시도 세계에 없을 것이다.

역대 화폐 속에 나타나는 인물도 대개 노인이었음을 볼 수 있다. 구한말인 지난 1878년 우리 나라에 근대식 은행업무가 개시된 이후 지금까지 100여종의 은행권이 발행됐는데 대부분의 주요 화폐엔 인물상이 들어가 있다.

등장한 주요인물로는 수로인상(壽老人像)과 대흑천상(大黑天像)을 비롯하여 초대대통령 이승만, 세종대왕, 이순신 장군, 조선조의 대학자인 율곡과 퇴계 등으로 존경하며 기릴만한 분들이다.

백발의 수로인상은 일제 때 조선은행권의 주 모델로 동양민속에 나오는 칠복신(七福神) 중 한 사람이다. 수로인은 중국 송나라 때 지팡이와 부채를 들고 사슴을 이끌고 다니면서 만물의 수명을 관장하는 가상의 신으로 알려져 있다. 대흑천상도 칠복신의 한 사람으로 재물을 관장하는 신이다.

이와 같이 노인은 우리생활에 모든 주요한 일을 관장하는 어른으로서 존경의 대상이 되어왔다. 그랬던 노인의 지위가 불과 반세기도 안 되는 기간에 무너져 버렸다.

왜 그런지 모르겠지만 이제는 힘없이 파고다 공원 벤치에 앉아 있는 남루한 옷차림의 노인, 한여름 관악산 입구에 모여 앉아 화투치고 노래하는 노인들, 담배 연기 자욱한 노인정에서 역시 하루종일 화투치는 노인들, 버스나 지하철에서 버티어 앉아 있는 젊은이 앞에 어정쩡하게 서있는 노인들의 모습이 먼저 떠오른다.

젊었을 때는 모양도 내고 깔끔하던 사람들도 늙어지면 아무래도 달라지게 된다. 주름살이 지고 동작이 느려지고 아름다운 피부가 변하는 것은 당연하다. 그러나 목욕이나 이발로 몸을 단정히 하고 옷도 깨끗하게 입고 소지품도 깔끔하게 정리하면서 생활하면 늙음 그 자체가 누추하고 보기 싫은 것은 아니다.

몸가짐은 나이 들어갈수록 잘 해야 한다. 젊었을 때는 아무렇게나 해도 추하고 지저분하다는 말은 듣지 않지만 늙으면 조금만 몸가짐을 흐트러뜨려도 흉이 될 수 있다. 때문에 오히려 늙어 갈수록 몸을 항상 청결하게 하고 안 쓰는 물건은 잘 정리해 놓고 주변을 깨끗이 해야 한다. 특히 남자보다 여자가 더 몸가짐을 잘 해야 한다. 화려한 옷을 입는 것보다는 깔끔하고 정갈하며 몸 전체와의 조화에 신경 써야 한다.

노인은 노인으로서 풍기는 기품이 있어야 한다. 산신령까지는 못되도, 화폐에까지는 못나온다 하더라도 한 세대를 살아가는 생활인으로서 어른스러움 정도는 간직해야 한다. 그래야 '어르신'이라는 말을 들을 수 있다.

나이가 들었다는 이유만으로 사회의 뒷전으로 물러 설 필요는 없다. 마찬가지로 전면에 나서서 설쳐 댈 필요도 없다. 자연스러움 속에 스스로를 지켜 가면 된다.

불평불만을 남에게 늘어놓으며 감정을 앞세워 말하는 노인의 모습은 아름답지 못하다. 느긋한 맛이 없이 서두르며 불안정한 모습을 보이지 않도록 노력해야 한다. 변명을 늘어놓으려 하지 말고 되도록 천천히 침착하게 말하고 말수도 가급적 줄이는 것이 좋다. 또한 늙을수록 표정을 잃기 쉬운 점에 유의해야 한다. 표정을 잃은 노인의 얼굴은 삶의 의욕을 잃은 모습과 같다. 항상 여유 있고 부드러운 표정을 가지며 밝은 웃음을 웃는 습관을 갖는 것이 좋다.

어린이에게 맞는 옷이 있고 언어가 있듯이 노년에 어울리는 삶의 방법이 있다. 젊은이와 꼭 같은 방법으로 미를 추구할 필요는 없다. 노인으로서의 아름다움, 노인이 간직하고 있는 문화, 그것을 어떻게 하면 더 발전시킬 수 있을 것이냐 하는 것을 깊이 생각해야 한다.

60대는 인생의 종말이 아니다. 아직도 갈 길이 아득하게 남아있는 '과정'이다.

노령을 인생의 황혼으로만 인식해서 석양이 더 아름다울 수 있다는 진리를 모르거나 외면하는 사람도 있다. 노령화를 필사적으로 피하기 위해 노화를 전면 부정하는 사람도 있다.

반면 우리가 지금 추측하는 것보다 더 길어질지도 모를 노년에 순응해 더 건전하고 건설적인 노년에 대한 비전을 형성하는 사람도 있다. 모든 세대들은 노년에 이르러 죽는 날까지 의미 있는 삶을 추구해야 하며 바로 그것이 그들의 가장 오래 지속되는 유산이 돼야 할 것이다.

이제 오랫동안 우리들의 사고방식을 지배해온 경직된 '인생의 세 가지 틀'을 깨고 나올 필요가 있다. 청년기에는 공부, 중년기에는 일과 자녀 양육, 노년기에는 퇴직으로 삶의 형태를 못박는 것은 점차 의미가 없어지고 있다. 노년기에 있는 사람들이 진짜 공헌을 할 수 있는 역할이 절실히 필요하다. 우리사회에서도 은퇴라는 개념 자체가 사라져야 한다.

당당하고도 겸허하며, 조용하면서도 활력 있고, 너그러우면서도 근엄한 존경받는 노인이 되자. 머지 않아 나이를 먹는 것에 대한 이미지가 자연스럽게 변하게 될 것이다.

노인은 인생의 원숙함을 보여주는 세대다. 깨끗하고 너그럽고 그러면서도 여유가 넘치는 당당한 모습으로 살아가야 한다.

흔히 노인이 되면 어린아이와 같아진다고 한다. 사람이 사색을 하지 않으면 본능만 남게 된다.

생각하는 노년이 되자.

그래야 늙어도 아름답다.

제3장 실버쇼크, 사회가 바뀐다

150살의 장수시대가 오고 있다

삼십 년 전만 해도 '고령화 사회'라는 말은 우리와는 별로 관계가 없는 것으로 생각됐었다. 그 당시 노인문제를 연구하는 몇몇 사람이 세미나를 열고 외쳐봐도 아무 반응도 없고, 정부에서는 먼 남의 나라 얘기로만 여겼다.

그러던 고령화 사회가 우리 앞에 우뚝 버티고 섰다. 그리고 당당하게 묻고 있다. "자 이제 어쩔 것이냐"라고.

사실 몰라서 그렇지 '고령화'야말로 우리 사회가 맞고 있는 가장 심각한 변화이고 문제다. 단지 그럭저럭 지내 오면서 크게 의식하지 못했을 뿐이다. 그러나 우리가 의식하든 안 하든 고령화가 급속하게 진행되고 있고, 그로 인한 문제 또한 눈덩이처럼 커져가고 있다는 것에서 대책이 필요하다.

2000년 7월 현재 우리 나라의 65세 이상 노령인구는 339만 5천명으로 이는 총인구의 7.2%에 해당하는 비율이다. 이제 우리 나라도 분명한 고령화 사회로 접어든 것이다.

UN에서는 65세 이상 노령인구가 7% 이상이면 '고령화 사회',

14%를 넘어서면 '고령사회', 그리고 20%를 넘어서면 '초고령 사회'로 분류한다.

참고로 고령 인구비율이 고령화사회에서 고령사회로 도달하는데 걸린 국가별 소요년수로는 미국이 71년, 스웨덴 85년, 이탈리아 61년, 영국 47년, 독일 40년, 그리고 프랑스가 115년이 걸렸고 일본은 24년이 걸렸다.

그러나 우리 나라는 19년밖에 걸리지 않을 것으로 전망되고 있다. 또 고령사회에서 초고령사회로 전환하는 기간도 7년에 불과할 것으로 예상되고 있다. 그 결과 2019년이 되면 노인인구가 14%를 넘어 고령사회에 진입할 것으로 보인다. 그리고 그로부터 불과 7년 후인 2026년이 되면 20%를 넘어서는 초고령 사회가 될 것으로 예측되고 있다.

세계 각국의 고령화 비율을 보면 이탈리아의 노령인구 비율이 18.2%로 세계 1위를 차지하고 있고 스웨덴 18%, 영국 15.6%, 독일 16.4%, 프랑스 15.9%, 일본 17.2%, 미국 12.5%, 중국 6.8%, 인도 5.0%, 그리고 싱가포르가 우리와 비슷한 7.2%이다. 우리 나라는 52위를 기록하고 있다.

또 UN의 선진국 고령화 추이전망에 의하면 2030년의 경우 일본 28.0%, 미국 20.6%, 이탈리아 29.1%, 프랑스 23.2% 등에 달할 것으로 예상되며, 우리 나라의 경우도 2030년에 이르면 23.1%로 프랑스 등과 비슷한 수준에 이를 것으로 전망된다.

사람은 누구나 오래 살기를 원한다. "오래 살면 뭘 하나"라면서도 오래 살려고 노력한다. 그래서 한국도 이제 세계에서 장수국 소리를 듣게끔 됐다.

대체로 선진국들이 75.7세(남자 72.0세, 여자 79.3세)로 개발도상국의 64.5세(남자 62.8세, 여자 66.3세)보다 11.2세 길다.

2001년 11월 통계청의 『장래인구 추계』에 따르면 2000년 현재 우리 나라 국민의 평균수명은 남자 72.1세, 여자 79.5세로서 평균 75.9세가 되었다. 이는 지난 1971년 62.3세(남자 59세, 여자 66.1세)와 비교할 때 엄청나게 늘어난 것이다. 이와 같은 추세로 간다면 2020년에는 80.7세(남자 77.5세, 여자 84.1세), 2030년에는 81.5세(남자 78.4세, 여자 84.8세), 2050년 83.0세(남자 80.0세, 여자 86.2세)로 계속 늘어날 것이다. 이 결과는 1998년 현재 66.5세(남자 64.3, 여자 68.7)인 세계인구의 평균수명보다 월등히 장수하고 있음을 나타내고 있다.

오래 살기를 원하는 인간의 욕망은 엄청난 수명연장을 기적처럼 이뤄냈다.

고대 로마 시대의 평균수명이 22년에 불과했고 중세 영국은 33세, 19세기 중엽에는 41년이었으며, 미국 역시 1900년 만 해도 49년에 불과했었다. 갓난아기의 사망률이 높았던 통일신라시대의 평균수명이 십 년 안팎이었음을 생각하면 참으로 기적 같은 일이다.

단명의 대명사로 불리는 하루살이도 실제로는 하루가 아니라 두 시간 밖에 살지 못한다. 장수의 상징인 십장생중의 사슴과 두루미도 사십 년 안팎이 고작이다. 삼신산으로 사신을 보내 불로초를 찾던 진시황도 고작 49세 나이에 객사했고 그렇게 오래 살려고 발버둥쳤던 한무제도 54살밖에 살지 못하고 갔다.

돌이켜보면 사람의 평균수명이 급격히 늘어나기 시작한 것은 전염병을 예방할 수 있는 각종 백신과 항생물질이 탄생한 1930년대 이후부터였다. 그 결과 우리는 그 시대에 살았던 사람들보다 거의 두 배에 가까운 인생을 누리고 있다.

물론 인간이 천수를 누리기에는 아직 멀었다. 천수를 가로막는 각종 장애물이 도처에 깔려 있기 때문이다. 생존 경쟁에서 오는 스트레스, 환경오염, 과음, 과식, 편식, 흡연 등 잘못된 생활습성, 교통사고와 같은 인재 등이 대표적인 원인이다. 이들 수명을 단축시키는 요인을 제거해 갈 때 150세의 천수를 누릴 수 있게 될 것이라고 장수학자들은 설명한다.

그런가하면 미국의 노화 전문가들은 50년 안에 평균수명을 30년까지 연장하는 것이 가능하며 심지어 현재 살아있는 사람 중 일부는 400살까지도 살 수 있을 것이라고 주장하기도 한다.

늙음 자체가 곧바로 죽음으로 이어지지는 않는다.

모든 사람의 죽음엔 반드시 원인이 있기 마련이다. 다시 말해서 천수를 다해 죽음을 맞이하는 것이 아니라 질병으로 해서 중도에 생을 마감한다는 것이다.

따라서 의학의 발달로 질병치료가 획기적으로 이뤄지고, 영양섭취를 잘하고, 적당한 운동을 하며, 생활환경을 알맞게 제공하면 누구나 100세 이상은 충분히 건강하게 살 수가 있다.

게놈 혁명

요즘 '게놈 혁명'이란 말이 크게 관심을 끈다.

게놈은 한 생명체가 가지고 있는 전체 핵산(DNA)을 말한다. 유전자(gene)와 염색체(chromosome)의 합성단어(genome)를 독일식 발음으로 표현한 말이다.

앨빈 토플러가 말하는 '제4의 물결'은 곧 생명공학에 의한 혁명을 뜻하며, 이는 게놈혁명을 의미한다. 이러한 혁명은 이미 진행되고 있다. 미국, 영국, 일본, 중국, 프랑스가 컨소시엄형태로 운영하고 있는 인간게놈 프로젝트와 미국 민간기업 셀레라 제노믹스사가 공동 발표한 '인간 유전자 지도'는 바로 생명공학의 신대륙 발견으로 평가된다. 게놈 프로젝트는 인간 생명체의 모든 유전정보를 지니고 있는 염색체를 해독, 유전자 지도를 작성하고, 그 배열을 분석하는 작업이다.

학자들은 암, 심장병, 당뇨, 비만, 탈모, 천식, 파킨슨씨병, 알쯔하이머병, 에이즈 등을 유발하는 유전자의 정체를 파악하는 작업을 진행하고 있다.

　게놈 프로젝트가 완성되면 인간은 어떻게 달라질 것인가.

　영국의 존 해리스 박사에 의하면 게놈연구로 인해 사람의 수명
은 배로 연장된다는 것이다. 지난 50년간 인간의 평균수명은 46세
에서 64세로 늘었다. 앞으로는 대략 130세까지는 간단히 수명을
연장할 수 있다는 것이다.

　그런데 이에 그치지 않고 천 년 이상까지도 연장할 수 있을 것
이라 하니 이쯤 되면 오래 산다는 것이 지구를 공포 덩어리로 만
들 것이란 생각이 든다. 무한을 향해 신에 도전하고 있는 인간의
지적 오만이 어디까지 가게 될지 모르지만 앞으로 인간 유전자를
완전 해독하는 게놈연구는 상당한 기간이 걸릴 것으로 보인다.

　크레이그 벤터 셀레라 대표는 게놈지도가 완성되면 유전자로 이
뤄진 수 천 개의 단백질들을 규명, 분류하는 작업에 착수해야 하는
데 이는 수 십 년 넘게 걸릴 수도 있다고 한다.

　하지만 일단 유전자 지도 해독을 통해 인간 유전자를 전체적으
로 파악하면 이를 바탕으로 각 유전자의 작용을 알아내 결함을 수
정하고 기능을 강화하는 등 다양한 생명공학적 응용이 가능해진다.
더욱이 게놈 초안은 난치병 정복에 도전하는 세계 각국의 병원과
제약회사 대학연구소 등이 자유롭게 이용할 수 있어서 향후 생명
공학 분야의 혁명적인 발전이 기대되고 있다.

　게놈 초안 발표가 곧바로 인간의 수명연장 및 무병시대로 이어
지는 것은 아니다. 지금 우리의 손에 쥐어진 염기서열이란 일종의
암호에 불과하며 이 암호들이 무엇을 뜻하는지를 알지 못하면 활
용할 수가 없다.

　과학자들은 이번에 이뤄진 염기서열 분석을 마치 한글의 자모를
배운 것과 같다고 비유한다. 책(생명의 비밀)을 해독하기 위해서는
가장 먼저 한글의 자모(DNA 염기서열)를 익혀야 하고 이들이 조

합된 언어(유전자)를 공부해야 하는 과정을 겪어야 하기 때문이다.

인간의 유전자 수는 10만개로 추정되며 이중 기능이 밝혀진 것은 9천 개에 불과하다. 따라서 이번 초안 완성은 기능이 밝혀지지 않은 나머지 9만여 개 유전자의 기능을 규명할 수 있는 바탕을 마련했음을 의미한다. 어쨌든 생명공학의 발전으로 인류는 천재인간, 미남미녀를 마음대로 만들어 내고 부모의 취향대로 '주문아기'를 생산해 낼 수 있게 되었다.

그러나 게놈연구는 해결해야 할 윤리적 문제를 안고 있다.

변화무쌍한 생활방식에 따라 혼혈화, 핵가족화 돼있는 서구인들에게는 게놈연구의 필수요소인 세대간 유전자계보 파악이 어렵지만, 인구이동이 적은 지역의 주민들은 상대적으로 순수한 혈통을 보존하고 있어 유전자 계보를 파악하는 데 훌륭한 연구 대상이 될 수 있다고 한다. 더욱이 미비한 의료혜택으로 의료기술에 의해 '훼손되지' 않은 채 보존되어온 지역 주민의 질병 유전자가 연구자료로 주목받고 있다.

특히 중국은 그 중에서도 인간 게놈연구의 최적지로 떠올랐다. 이유는 13억이라는 인구학적 특성 외에도 대부분 주민들이 상대적으로 고립된 형태의 생활방식을 유지해왔기 때문이다.

문제는 일부 과학자들이 급속한 산업화에 따라 중국인들의 생활수준이 더 이상 변화하기 전에 될수록 많은 질병유전자 샘플을 수집해놓아야 한다고 주장하는 데 있다.

이에 따라 미국을 비롯한 선진국들의 연구·의료기관들이 장래 막대한 이윤을 보장할 인간 게놈관련 사업에 중국을 향한 여러 가지 연구프로젝트 준비를 하고 있다고 한다. 하버드대 공공의료학부를 비롯하여 보스턴 브라이엄 여성병원, 프레드 허치슨 암 연구센터, 남가주대 등 많은 미국의 기관들이 이미 중국 주민들로부터 다양한 유전자 샘플을 수집하는 등 사업에 착수했다.

게놈연구가 무궁무진한 의학적 가능성을 우리에게 제공할 것이라고는 하지만 이와 같은 선진국들의 발상과 행동에 윤리적 문제를 제기하지 않을 수 없다.

지식수준이 낮고 순진한 개발도상국 시골 주민들을 의료연구대상으로 삼는다는 것 자체가 뿌리깊은 인종차별적 심리가 깔려있고 선진국의 인권에 대한 이중적 태도를 적나라하게 반영하기 때문이다. 더욱이 중국의 낮은 인권의식으로 말미암아 유전자 개인정보가 오용될 가능성이 농후한데다 비위생적인 의료시설은 DNA 채취과정에서 심각한 감염문제를 유발할 수도 있다.

아이러닉한 것은 이러한 인권문제에 대한 논란 역시 선진국을 중심으로 이뤄지고 있다는 것이다. 만일 우리 나라 농촌에서 이런 일이 벌어지고 있다면 우리 정부에서는 어떻게 대처할 것인지 자못 궁금해진다.

장수는 축복인가

 사람은 누구나 오래 살기를 원한다. 이제 그 꿈이 이루어져가고 있다.

과연 장수는 축복인가. 각종 질병과 위해로부터 생명을 연장시켰으니 분명히 승리이고 축복이다.

장수가 축복이 되기 위해선 많은 조건이 충족되어야 한다. 그래야 건강한 장수의 축복을 누릴 수 있다. 하지만 그렇지 못할 경우 장수가 불행을 줄 수도 있다. 그것은 막아야 한다. 때문에 일부학자들은 인위적인 수명연장에 대하여 두려움을 표시하고 있다.

영국 의학자 네빌 버틀러 교수는 인간의 뇌 세포가 태어날 때부터 죽기 시작한다는 사실에 주목해야 한다고 강조한다. 미래의 인간이 400살까지 산다해도 나중 300년 동안을 지금의 100세 노인들과 같은 정신상태 하에서 지내야 한다면 그것이 과연 기뻐할 일이냐는 반문을 펴고 있다.

설사 생명공학의 발달로 건강한 몸과 정신을 유지할 수 있게 된다 하더라도 사회적으로 일어나는 문제는 매우 심각하다.

가장 쉽게 짐작할 수 있는 것은 노인부양문제다. 지금도 늘어나는 고령인구는 젊은이들의 부양부담을 가중시킨다. 경제활동인구 대비 65세 이상 노인인구 비율로 계산하는 노년부양비는 1998년에 9.2%에 불과했으나 2000년 10.1%, 2020년에 21.3%, 그리고 2030년에는 35.7%에 달할 것으로 전망된다.

이는 2000년의 젊은층(생산가능인구) 9.9명이 노인 한 명을 부양했다면 2020년에는 4.7명당 노인 한 명을, 2030년에는 2.8명당 노인 한 명을 부양해야 하는 심각한 수준이다. 더구나 우리 나라 젊은 노동인구의 감소는 외국에 비해 극심하다.

노령화지수(65세이상인구/0~14세인구×100)로 예상해본다면 2000년 현재는 유년인구 100명당 노인인구가 34명 정도이지만, 2030년에는 노인인구비율이 오히려 늘어나서 유년인구 100명당 노인인구는 187명이 되는 심각한 초고령사회가 될 것이라 한다.

반면 우리 나라의 출생아수는 2000년 현재 63만 7천명이지만 2020년에는 42만 4천명, 2030년에는 38만 8천명 등으로 지속적인 감소가 예상된다. UN의 분류기준에 의하면 합계출산율(한 여자가 가임 기간 동안 낳을 평균 출생아수)이 선진국의 경우 1.56명인데 비해 우리 나라는 2000년 현재 1.47명으로 더 낮은 수준이다. 이는 지난 1970년의 4.53명, 1980년 2.83명에서 대폭 감소한 것이다. 합계출산율은 2005년에는 1.37명, 2010년에는 1.36명으로 더 낮아질 전망이다.

그 결과 15~21세의 전체 학령인구는 2000년 현재 1,138만 3천명 수준으로 총인구의 24.2%에 달하고 있는데, 2030년에는 총인구의 14.1%에 불과한 708만 1천명 수준으로 크게 낮아질 전망이다.

또 노령인구 비중이 커지면서 생산 가능한 전체 노동인구(15~

64세)비율도 상대적으로 급격히 줄어들고 있다. 생산가능인구비율은 2000년 현재 71.7%이지만, 2020년에는 71.0%, 2030년에는 64.6%로 점차 낮아질 것으로 예측된다.

결국 고령사회로의 가속화는 사회보장비와 의료비의 증가를 가져와 국민들의 조세 및 사회보장 부담률을 늘리지 않을 수 없게 한다. 고령화사회가 되어 노인이 늘어나면 노인들은 저축에 더하여 연금도 타는 반면, 젊은 세대들은 결국 노인들을 위한 세금, 부양 등에 의한 문제로 노소간의 사회적 갈등을 일으키게 된다.

이웃 일본에서는 세대간의 갈등을 '노소전쟁(老小戰爭)'이라고 부르고 있다. 그들은 이와 같은 전쟁이 일어날 다음 10년간을 매우 중요한 시기로 보고 있으며, 이에 대비하여 각종 정책을 연구 개발하고 있다. 일본은 2007년에 가면 65세 이상 인구가 20%를 돌파할 것이며, 2025년에는 무려 27.3%가 되어 노령인구 부양을 위한 사회적 부담은 말할 것도 없고 사회전체가 쇠퇴하게 될 것을 우려하고 있다.

우리 나라의 경우도 예외가 아니다. 한국개발연구원(KDI)에 의하면 늘어나는 노령인구에 국민연금을 계속 지급하려면, 현재 근로자 일 인당 급여의 9%씩 각출하는 국민연금 부담액을 2030년이 되면 19%까지 올려야 할 것으로 분석했다. 벌어들이는 전체소득의 5분의 1을 국민연금만을 위해서 각출해야 하는 셈이다. 따라서 연금 부담액을 미리 올리거나 받아 가는 연금 급여를 줄여나가는 대책을 세워야하며, 기업연금 등 각종 사적연금을 개발해야 한다고 주장한다.

더구나 노령 인구층의 의료비의 증가는 국가 부담을 크게 늘리게 된다. 우리 나라는 노인 전문병원이 극소수에 불과하여 장기요양이 필요한 노인들도 일반병원에 입원하는 경우가 많다. 앞으로 노인인구의 증가와 함께 의료비 부담이 폭발적으로 증가할 것에 대비해야 한다. 그러자면 장기입원하여 치료 및 요양할 수 있는 노인병원, 요양시설을 대폭 늘려야 한다.

세계선진국의 생활과 거의 다름없는 수준의 영양섭취와 철저한 건강관리, 높은 의료기술과 장비를 갖추고 있는 우리가 이웃 일본인들보다 수명이 짧을 이유가 없다. 일본이 세계 최장수국이라는 사실은 우리도 곧 최장수 국가 군에 들어갈 수 있음을 말해주고 있는 것이다.

머잖아 전세계가 인구 고령화 현상에 직면하게 될 때 노인에 대한 사람들의 인식이 바뀌지 않고 양질의 삶을 보장할 수 있는 정책이 마련되지 않으면 장수는 오히려 인류의 멍에가 될 수 있다. 그런데도 올해 우리 나라 노인복지 예산은 고작 정부 일반회계예산의 0.3% 수준이다. 이웃 일본만 해도 15%는 말할 것도 없고 3.0%인 대만과 비교해 보아도 너무 적은 수준이다. 이 수준의 예산을 가지고 노인 문제를 해결할 수 있다면 그건 기적이다.

그래서 고령화의 멍에가 더욱 무겁게 다가온다. 가족으로부터의 소외, 건강상실, 사회적 고립, 빈곤, 정서적 황폐화, 고령화 사회가 가져오는 문제들이 심각하게 대두되고 있다. 물론 이런 문제들을 정부예산이나 제도만으로 모두 해결할 수는 없다. 가정으로부터 버림받는 젊은이들로부터 소외당하는 노인들을 정부가 모두 끌어안을 수만도 없는 노릇이다.

문제해결을 위한 사회적 노력이 총체적으로 부족하다는 데에 문제의 심각성이 있다. 그리고 아직도 문제에 대한 관심조차 없다는 사실을 우려하게 된다.

고령화사회의 진입은 축하할 일이다. 그러나 준비가 전무하다시피한 우리에겐 꼭 반가운 것만도 아니다. 오히려 큰 짐과 숙제를 안게 된 것이다.

　고령화 사회가 진정 축복의 대상이 되려면 부양과 건강의 문제를 해결해야 한다. 그렇지 않다면 늙고 병든 인구만 늘어나 결과적으로 사회적인 부담이 되며 본인에게도 고통의 연장이 있을 뿐이다.

노인이 맞아 죽는 세상

77세 된 할아버지가 지하철 1호선 열차 안에서 "요즘 아이들이 버릇이 너무 없어 경로석에 앉아 자리를 비켜 주지 않는다"고 사회의 노인경시풍조를 푸념했다가 15살 난 중학생에게 맞아죽은 사건이 있었다.

이 중학생은 노인의 혼잣말을 자신에게 한 말로 오해하여 앙심을 품고 일행인 가족들을 먼저 보낸 후 할아버지를 따라내려 지하철역 구내 층계에서 발로 차 10m 아래로 굴러 떨어뜨려 뇌출혈로 사망케 했다.

단지 노인을 경시하는 정도가 아니라 때려죽이는 세태가 오고 말았다. 이번 사건만 발생했다면 특수한 경우라고 그냥 넘어갈 수도 있다. 그러나 이와 유사한 사례가 비일비재하다. 비록 폭행까지는 하지 않는다고 하더라도 노인 알기를 우습게 아는 세상이 온 것만은 확실하다.

지난해 추석연휴 중에는 20대 손자가 술을 자주 마신다고 꾸지람하는 할머니를 둔기로 때려 숨지게 한 사건도 있었다.

　얼마 전 서울의 한 구청에서 조사한 바에 의하면 가족과 주변 사람들로부터 모욕을 받고 따돌림 당한다고 털어놓은 65세 이상 노인이 백 명 가운데 여섯 명에 이르는 것으로 나타났다. 어떻게 조사했는지 모르지만 정도의 차이는 있어도 상당수의 노인들이 실질적으로 따돌림 당하고 있을 것이다.

　몇 년 전 구청장으로 있을 때 '노인봉사대'를 조직하여 길거리 질서를 잡는 일을 실시한 경험이 있었다. 예컨대 길거리에서 휴지나 담배꽁초를 버리는 젊은이가 있으면 꾸짖고 치우게 한다든가 신호등을 무시하고 길을 건너는 학생들이 있으면 보호해 주라는 임무를 주었다. 혹시 봉변이라도 당할까봐 1개조를 5명으로 편성하여 모두 6개조를 운영하였다.

　그런데 하루 일 해보고는 할아버지들이 못하겠다고 고개를 절래절래 흔들었다. 노인이 꾸짖는 걸 들으려는 청소년들도 없고 오히려 대들고 자칫하다간 폭행 당하기 십상이라는 얘기다. 그래서 꾸짖는 일은 채 시행도 못해보고 하루만에 포기할 수밖에 없었다.

　얼마 전 정의감이 매우 강한 60대 초반의 나의 친구가 아파트 놀이터에서 중학생이 담배를 피우고 있어 꾸짖었더니 3～4명의 중학생들이 "저건 뭐야"하고 떼를 지어 대들려고 해 슬그머니 몸을 피했다는 얘기를 들은 적이 있다.

　이제 노인이 청소년을 꾸짖는 시대는 지나갔다. 아니 자기 자신을 보호하기도 힘든 세상이 돼버렸다.

　한국보건사회연구원이 1999년 전국 6개 도시 65세 이상 노인 865명을 대상으로 실시한 '노부모 학대 실태조사' 결과에 의하면 우리 나라 노인 12명중 한 명 꼴인 8.2%가 가족으로부터 학대를 받은 것으로 나타났다. 그리고 이 중 42.7%가 '거의 매일 학대를 받는다'고 응답했다.

학대 이유는 경제적 문제가 39%, 성격차이가 22%였다. 더욱 딱한 것은 노인 3명 중 2명은 가족들로부터 학대를 받더라도 '끝까지 참는다'고 응답했으니 우리 나라 노인들이 얼마나 학대와 냉대 속에 속을 앓으며 살아가고 있는가를 짐작할 수 있다.

학계 전문가들은 학대받는 노인이 65세 이상 339만 명 중에서 적게는 30만 명, 많게는 100만 명에 이를 것으로 보고 있다. 동방예의지국이라는 옛 호칭이 무색한 실정이다. 가족으로부터의 학대는 곧 사회로부터의 학대로 연결될 수밖에 없다.

노인들이 사회 속에서 수난을 당하는 것은 단순한 사회병리현상이라고만 볼일이 아니다. 물질이 최고의 가치로 여겨지는 사회적 정서 그리고 사회적 약자를 경시하는 잘못된 교육풍조도 중요한 원인이다.

경제적으로나 육체적으로 힘이 없는 노인은 사회에서 무시당하고 약육강식(弱肉强食)의 경쟁풍토에서 배제될 수밖에 없다. 장애인, 노인 등 사회적 약자를 보호·배려하지 않는 사회·문화적 풍토가 앞으로도 계속된다면 극단적인 사건은 얼마든지 발생할 수 있다.

한편 노인들도 이제 이 험악한 세상에서 살아남으려면 조금 생각을 바꿔야 한다. 옛날 가부장적 사회에서는 노인은 사회에서 무조건 어른 대우를 받았지만 이젠 그렇지 않다는 점을 감수해야 한다. 나이가 많다는 권위만으로 남을 지배할 수 없다는 점을 알아야 한다. 합리적인 생각과 상대방에 대한 인격적인 대우, 이해가 우리 시대 노인들에게 필요한 자세이다.

우리사회가 어디로 가려고 그러는지 마냥 제멋대로 가고 있는 것은 무엇보다도 가정교육의 부족에 있다. 집안에서 아버지는 그저 돈버는 사람으로만 기능하고 있고 아이들은 아이들대로 자신들의 세계 속에서만 살아간다.

노인을 존경하는 일이 중요하다는 걸 가르치는 곳이 없다.

언어맞을 것을 걱정해야 하는 우리 나라 노인들은 이제 세계에서도 가장 불행한 노인으로 전락하고 있는 것 같아 안타깝다.

노인과 사고

횡단보도에서 녹색신호등이 켜지면 남녀노소 할 것 없이 바쁜 걸음으로 건너가야 한다. 그래야 살 수 있다. 대체로 중간쯤 가면 녹색신호등이 깜박이기 시작한다.

노인들의 경우 4차선 도로라면 채 다 건너기도 전에 빨간 불이 켜진다. 기다렸던 차들은 신호가 바뀌기 전부터 움직이기 시작하다가 사람이야 있든 없든 속력을 내며 돌진한다.

교통시설을 비롯하여 도로시설물이나 이를 운영하는 체제 모두 힘있고 동작 빠른 사람만 이용할 수 있도록 돼 있다. 이런 무지막지한 상황에서 어찌 사고가 나지 않겠는가. 특히 노인들은 속수무책이다. 그게 우리 한국의 상황이다.

이렇게 길에서 차에 치어 죽는 노인이 매일 5.7명에 이른다. 원래 우리 나라가 교통지옥이긴 하지만 노인들에게 횡단보도는 공포의 대상이고 길을 건널 때마다 지옥을 건너는 셈이다.

1989년 이후 약 10년간 교통사고 사망통계를 보면 14세 이하 어린이 사망자수는 65.7% 감소한 반면, 60세 이상 노인 사망자수는 오히려 5.0% 증가한 것으로 나타났다. 연간 교통사고로 사망한 노인수는 71세 이상이 966명으로 가장 많고, 61~65세가 635명, 66~70세가 465명이었다.

2000년 한 해 동안 우리 나라에서 교통사고로 사망한 노인수는 무려 2,066명(하루 평균 5.7명), 부상자수는 2만5,462명(하루 평균 70명)이다. 이를 10만 명당 사망자수로 환산하면 67.9명이다.

이 수치를 노인복지가 발달한 경제협력개발기구(OECD)의 주요 선진국과 비교하면 최고 7배 이상이나 되는 높은 비율이다. 보다 구체적으로 영국은 8.5명, 노르웨이 10.4명, 독일 10.7명, 스웨덴 11.1명, 호주 12.7명으로 나타난 결과를 보면 알 수 있다.

선진국들에 비해 노인교통사고가 이렇게 높은 것은 우선 살인적인 교통문화에 있다. 그 외에도 도로 폭이 넓고, 교통신호간격이 짧고 교통안전에 대한 교육부재라는 문제도 있다. 또한 노인들 스스로도 교통안전에 관한 의식수준이 너무 낮다. 총알처럼 달리는 넓은 도로를 횡단보도도 없는 곳에서 '어떻게 되겠지'하고 건너는 노인을 적지 않게 볼 수 있다. 이런 것들이 노인의 죽음을 재촉하고 있다.

교통개발연구원의 설재훈 연구원에 의하면 노인의 걸음은 초당 0.8m로 일반인의 1.2m보다 느리고 자동차에 대한 반응속도와 주의력도 부족하다고 한다. 따라서 교통시설을 설계할 때 이를 고려해야 한다고 주장한다.

사람은 보지도 않고 신호등만 보고 출발하는 성급함이나, 횡단보도 황색 점멸등을 무시하는 운전태도가 노인 교통사고 사망자수를 늘려가고 있다.

"시골동네에 국도 4차선 확장공사를 하면 동네 개들이 먼저 다 죽고 그 다음이 노인들 차례"라는 말도 있다. 설재훈 연구원은 노인교통사고의 대부분이 횡단보도사고이며 이중 70%가 도로횡단 후반부에 일어난다고 한다.

노인교통사고를 막기 위해서는 보행신호 시간을 점차 늘리고 노인정과 노인대학 등에서 교통안전 프로그램을 운영하여 노인의 교통안전 의식을 높여야 한다. 아울러 보행자로서 노인의 권리를 인정하고 공경하며 이해하는 분위기가 확산돼야 한다.

최근의 급격한 사회환경의 변화는 노인들로 하여금 생활하기에 어려운 조건을 만들어 내는 결과를 가져오게 되었으며 노인 사고의 개연성을 높게 하였다.

교통사고 외에도 주택시설 때문에 일어나는 노인사고도 매우 높은 것으로 나타났다.

한국소비자보호연구원이 조사한 바에 의하면 노인 476명 중 22%가 집안에서 한 차례 이상 사고를 겪었다고 한다. 집에서 발생하는 노인사고의 36%가 욕실, 화장실, 방, 침실, 계단 등의 바닥이 미끄러워 발생했고, 14%는 계단을 오르다가, 6%는 방문턱에 걸려 넘어져 생겼다. 물건에 의한 사고는 침대에서 떨어지거나 의자를 이용하다가 발생한 사고가 각각 22%와 16%였다. 특히 이들 노인 중 51%가 혼자 사는 단독가구였다는 것도 비율을 높이는 데 일조했다.

노인사고의 발생빈도에서 볼 때 첫째는 자동차에 치이는 경우이다. 둘째가 불의의 추락, 셋째가 익사, 넷째가 화재에 의한 사고, 다섯째가 음식 및 기타에 의한 질식이다.

이 중 추락은 유아의 다섯 배, 화재·화염에 의한 사고는 다른 나이와 비교하여 두 세 배이며 질식도 유아 다음으로 높다. 이 결과로 노인 사고 예방의 초점을 어디에 두어야 하는가를 짐작하게 한다.

나이가 들면 순발력이 떨어지고 반사신경의 활동이 둔해져 신체적으로 기능이 저하된다. 뿐만 아니라 판단능력이나 적응능력도 떨어져 사고를 당할 우려도 높다. 더구나 거의 모든 생활환경이 갈수록 노인에게 부적합하게 변해가서 각종 안전사고에 노출되게 된다.

생활환경이 부적합할수록 노인들은 이에 능동적으로 대처하고 나름대로의 행동요령을 터득해야 한다. 그리고 규범과 질서를 지키고 안정된 마음으로 신중하게 판단하여 행동하는 습관을 길러야 한다.

원래 사람은 본인의 과거경험에 비추어서 판단하게 되는 법이다. 노년기의 판단이란 이들이 청장년기에 갖고 있던 경험을 기초로 하는 경우가 많기 때문에 현실의 자기능력이나 기능의 감퇴에 대해서 미처 인지하지 못하는 경우가 많이 있다.

더욱이 노년기의 정신·신체적 기능은 서서히 감퇴하다가 어느 단계를 벗어나면서부터 급격한 감퇴현상을 나타내기 때문에, 자극을 감지하는 능력과 반응이 쇠퇴했다는 것을 몰라서 자신의 능력을 과잉평가하는 경향이 있다. 이와 같이 본인의 지각능력이나 반응능력에 대한 잘못된 판단이 안전사고와 결부되리라는 것을 쉽게 예상할 수가 있다.

그런데 여기에다가 노인들이 갖는 일반적인 성격특성이 노인사고를 더욱 가중시킨다. 노인의 성격이 사고를 일으키는 원인은 다음과 같다.

첫째, 우울증이 불안정을 유발하게 한다.

노년기에 접어들면서 건강이 약해지고 질병에 시달리게 되고, 경제적으로 어려워지고 가족들과 사회로부터 차츰 고립되면 심리적으로 흔들리게 되고 일상생활에 있어서 통제능력을 잃게 된다.

여기에다 배우자마저 사망하고 나면 대화상대도 없고 생활은 불편해져 우울증이 가중된다. 그리고 불안과 우울증은 다시 불면증, 체중감소, 무감각, 강박관념 등으로 나타난다. 즉 불면증으로 인한 피로가 정신적 긴장을 떨어뜨리게 하고 사물의 변화에 대해 둔감하게 만들고 판단을 잘못하게 하는 원인이 된다.

둘째, 지나친 조심성과 소극적인 성격은 위험상황에 처했을때 대처능력을 약화시킨다.

나이가 들수록 능동적으로 대처하려는 것보다는 상황을 수동적으로 받아들이려는 경향이 강해진다. 이러한 현상은 노년기의 신체적·정신적 능력의 감퇴와도 관련이 있다. 따라서 위험에 부닥칠 때 능동적으로 이를 회피하려는 노력보다는 수동적으로 처리되기를 바라고 있으며, 타인의 행동에 의해서 위기를 모면하려는 생각이 안전사고의 강도를 높게 한다.

한편 노인이 되면 동작이 느리고 우물쭈물하는 경향이 있어 위험한 상황에 대한 적응능력이 떨어진다. 그리고 지나친 조심성으로 사고를 부를 수도 있다. 조심성이 늘어나는 것이 안전사고와 관련된다는 것은 좀 이해하기 어려울 것 같으나 사실 많은 종류의 안전사고 중에 지나치게 조심하는 것이 오히려 안전사고를 유발하는 경우가 많다.

셋째, 자기물건에 대한 지나친 애착심이 사고를 부를 수 있다.

노인들이 자신의 물건에 대해 애착심을 나타내는 것은 오래 사용했기 때문이기도 하지만 경제적인 여건으로 새로운 물건을 구입하기 어렵고, 주변에 익숙한 물건을 둠으로써 불안감이 해소되기 때문이다. 그러나 이러한 애착심이 경우에 따라서는 안전사고를 일으킬 수도 있다. 예를 들면 위험상황에서 홀로 빠져 나오면 될 것을 물건에 대한 애착심 때문에 본인의 생명까지도 위태롭게 하는 경우 등이 여기에 해당된다.

넷째, 의존성의 증가가 규범과 질서를 벗어나게 한다. 노인이 되면 신체적·정신적 그리고 경제적 능력이 쇠퇴해짐에 따라 타인에 대한 의존성이 증가하고 더욱이 한국사회에서는 경로사상 때문에 노인에 대한 특별한 배려를 해줄 것이라는 생각이 의존성을 증가시킨다. 그러나 사회의 모든 사람들이 노인에게 특별한 배려를 해주는 것은 아니기 때문에 노인의 기대와 다른 사람의 행동이 일치되지 않을 때는 사고를 유발시키는 동기가 된다.

일반적으로 노인의 행동에 대해 사회에서 특별히 배려하는 경우가 많이 있다. 예컨대 도로를 무단 횡단하거나 질서를 안 지켜도 노인이라는 이유로 관대하게 대해주는 경향이 있다. 아직도 사회적 통념이 노인을 특별히 모신다는 생각이 있고, 노인의 주장에 대해서는 무조건 받아들인다는 동양의 오래된 가치관이 남아 있어 노인의 실수에 대해서도 이를 묵과하려는 경향이 있다. 이러한 관습에 편승해서 작은 범법이 이루어지고 이것이 각종 사고로 연결될 수가 있다.

따라서 이제 노인도 이 사회의 평범한 일원이라고 생각하고 생활방법을 적극적으로 적응해 나갈 수밖에 없다. 또 사회도 노인이라고 해서 잘못된 일을 묵인하는 것보다는 지적하고 일깨워주고 교육시켜야 한다. 노인강좌나 노인학교에서 이러한 교육을 담당하고 매스컴에서도 노인을 대상으로 한 교육프로그램을 취급해야 한다.

그러나 무엇보다도 근본적인 것은 우리의 '안전문화'를 정립하는 일이다. 빠른 산업화의 과정에서 '안전문화'를 소홀히 했던 탓에 사회를 안전하고 질서 있게 관리할 수 있는 터전을 잡지 못했다.

생산과 소비 수준은 고도산업사회에 거의 도달했으나 이 같은 일상활동을 합리적으로 집행할 수 있는 윤리관이 그 틀을 잡지 못하고 있고 사회 안전문화가 아주 낮은 수준에 있어 크나큰 사회비용을 지불하고 있는 실정이다.

노인이 조심하는 것 만으로는 사고가 크게 줄어들지 않는다.

안전문화를 일깨우는 시민의 의지가 필요하며 기초적인 윤리관에서부터 출발하여 안전 프로그램을 개발하고 사회의 전반적인 안전 시스템을 새로이 짜 나가야 한다.

40대가 쫓겨 나가는 판인데

IMF 이후 구조조정으로 회사를 그만둔 친구에게 위로 겸 걱정을 해줬더니 "사십 대가 쫓겨나가는 판인데"라며 자신의 퇴직을 당연하다는 듯이 말했다.

당시 은행과 기업의 구조조정 기준은 나이에 있었으며 거의 대부분 이를 당연하게 생각했다. 한창 일할 시기임에도 불구하고 사십 대 중반이면 감원대상이 됐다.

합병하면서 52년 생(당시 47세)까지 감원기준으로 삼은 은행도 있다. 또 다른 곳은 지점장급은 55세, 부장급은 51세 그리고 지방 지점장급인 3급 간부는 47세를 해고 기준으로 삼았다고 한다. 거의 대부분의 은행에서 50세 이상을 명예퇴직 대상으로 선정하여 인력을 감축했다.

은행들만 그런 것이 아니다. 어느 재벌기업은 이사로 승진하지 못한 50세 이상 간부들을 자동적으로 물러나게 했다.

한창 일할 나이에 직장을 떠나는 것은 본인뿐만 아니라 나라를 위해서도 큰 손실이다. 이런 사회는 결코 건강한 사회가 아니다.

또 발전할 수도 없다.

나이가 많은 사람 중에도 유능한 사람이 있고 젊은 사람 중에도 무능하거나 나태한 사람이 있는 법이다. 따라서 연령상의 기준보다는 능력 평가를 통하여 엄격하게 가려내는 노력이 필요하다.

노장청(老壯靑)이 조화를 이루는 사회가 건강하게 발전하는 사회다. 젊은이의 활력과 아이디어, 장년층의 원숙함과 분별력, 그리고 노년층의 경험과 지혜가 조화를 이루는 사회가 기능적으로 건전한 사회다.

나이 많은 층을 잘 활용하는 사회가 안정적으로 발전할 수 있다. 물론 나이가 많다고 해서 당연히 위로만 올라가야 하는 것은 아니다. 유능한 젊은 간부 밑에 노련한 장년의 부하가 조화를 이뤄야 한다. 중국, 대만, 일본을 가보면 흔히 이런 광경을 보게 된다. 그러나 장년층도 직장에서 쫓겨 나는 판에 우리 나라에서 노년층이 자리를 지킨다는 것은 거의 불가능하다.

일본의 경우 재작년 30대 기업의 최고 경영자의 평균 나이는 64.3세였다. 60세 이하는 단 한 명도 없었다. 중국도 정치국 상무위원의 평균연령이 67.4세였다.

특히 미국은 자본주의 초기에 젊은 경영자들이 기업을 망친 경험이 많아 이사회와 주총의 기능을 강화하는 한편, 경험 많고 노련한 경영자를 발탁하는 조화로운 시스템을 개발해 냈다.

미국 25대기업 최고경영자들의 평균 연령은 58.4세다. 잘 알려진 제너럴 모터스, 월마트, 제너럴 일레트릭, 체이스 맨하탄 등은 60세 이상이며 심지어 70세를 넘는 경우도 있다.

일본에서는 자치단체장을 뽑을 때 나이 많은 사람이 당선되는 예가 많다. 아무래도 자치단체라는 큰 경영체를 이끌어 가려면 경험과 능력을 골고루 갖춰야 하기 때문일 것이다.

2000년 동경도의 15대 구장(우리 나라의 구청장)선거에서는 70대가 여섯 명이나 당선되어 '노인대국'다운 저력을 과시했다.

구청장 7선에 성공한 세타가야(世田谷)구장 오바는 76세로 당선된 후 "나이가 문제가 아니다. 무엇인가를 소중히 여기는 마음이 중요하다"고 답변하여 고령비판을 강하게 반격했다. 이 밖에도 신주쿠(新宿) 구장으로 3선 째 당선된 오노다는 75세였다. 도코도 네리마(練馬) 77세, 시나가와(品川) 70세, 키다(北) 78세, 이타바시(板橋) 75세 등 모두 70대 중 후반의 현직 구장들이 재선됐다.

반면 우리 나라에서는 지난 제16대 국회의원 선거 때 소위 '젊은피'라는 이름으로 젊은 신인들이 대거 당선되었다.

고비용—저효율의 정치구조를 근본적으로 수술하기 위한 젊은피 수혈은 마땅히 해야 한다. 개혁적이고 유능한 젊은 인재들이 각계각층에 들어가 생산성을 높이고 사회의 새로운 활력을 불어넣어야 한다. 그러나 그것만 가지고 모든 것이 이루어지는 것은 아니라는 점도 유의해야 한다.

노년층이 가진 경험과 숙련, 신중한 판단, 세월이 준 통찰력 등은 젊은이들보다 더 우수하다. 만일 젊음의 활력만이 넘치고, 스피드만 중요시되고, 생각하는 것보다 행동하는 것을 우선한다면 이 세상은 어떻게 되겠는가.

노인에게도 그 스스로의 '힘'이 있다. 일본에서 흔히 '노인력'이라고 부르는 이 힘을 우리가 쉽게 보지 못하거나 그냥 간과할 뿐이다. 모든 국민들이 힘을 합쳐야 할 시기에 어느 한 연령층의 힘을 간과하는 것은 사회발전을 위해서도 올바른 태도가 아니다.

젊은 노인은 곧 사회적 죽음이다

고령화가 급속하게 진행되고 있으나 이에 대비한 경제, 사회 시스템이 전혀 갖춰져 있지 않아 심각한 사회문제가 되고 있다.

나이든 사람은 직장에서 더 이상 필요 없다고 구조조정 대상에 가장 먼저 오르고, 퇴직금이라고 받은 돈은 어디 마땅히 투자할 데도 없이 위험하다. 재취업을 하려 해도 말이 그렇지 뜻대로 되지 않는다. 작은 목돈으로 이자 수입을 올려 생활하려 해도 지금 같은 저금리 시대에는 도저히 불가능하다.

게다가 국민연금은 조만간 바닥난다고 하니 연금을 불입하고 있는 사람들은 곧 닥쳐올 노후 생활이 불안하기만 하다. 현재와 같은 상황이 계속된다면 머지 않아 우리 사회에서도 총체적인 '노령인구의 빈곤화'를 면하기 어렵게 될 것이다.

통계청의 추계에 따르면 우리 나라 노년부양비는 2000년 현재 10.1%를 기록, 사상 처음 두 자리 숫자에 진입한 것으로 나타났다.

　　노년부양비는 지난 1980년 6.1%에 불과했으나 1999년에 9.6%로 상승하여 청장년의 경제적 부담이 불과 이십여년만에 두 배 가까이 늘어난 셈이다. 노년부양비는 평균수명 증가로 2001년에는 10.6%, 2005년 12.6%, 2010년 14.8%, 2020년 21.3%, 2030년 35.7%로 지속적으로 상승할 전망이라고 한다.

　　우리 나라의 노년부양비는 노르웨이(25%), 영국(24%), 프랑스(23%), 일본(20.9%), 미국(19.2%) 등에 비해서는 낮은 편이지만 중국(9.1%), 인도네시아(6.9%), 말레이시아(6.5%) 등 동남아 국가보다는 높은 편이다.

　　노년부양비율이란 15~64세 경제활동인구에 대한 65세 이상 인구의 비율이다. 그러니까 2000년 현재 우리 나라에서는 생산가능인구 9.9명당 노인 한 명을 부양했지만, 2020년에는 4.7명당 노인 한 명을, 2030년에는 2.8명당 노인 한 명을 부양하지 않으면 안 될 것으로 보인다.

　　노령화는 국가경제 전체적으로 상당히 큰 장애 요소가 된다. 노인인구가 늘어나면 사회복지 재정지출이 증가될 수밖에 없고, 이는 세금과 나라 빚을 늘리고 사회간접자본 등 인프라 투자를 위축시킨다. 출산율 저하나 수명연장은 경제활동인구규모를 감소시키고 만성적인 인력부족 상태는 생산성을 위축시키게 된다. 이와 같은 악순환은 결국 사회 취약계층인 노인계층에게 가장 큰 영향을 미치게 된다.

　　우리 나라의 합계출산율(한 여자가 가임기간 동안 낳을 평균출생아수)은 2000년 현재 1.47명으로 세계 평균 1.53명보다도 훨씬 낮다. '저출산 고령화'가 계속되고 있어 OECD 회원국 가운데 고령화 속도가 가장 빠르다.

　　OECD에서도 이 점을 우려하여 대비책을 강구할 것을 촉구했지만 뚜렷한 정책 변화가 없다. 2030년에 가면 65세 이상 노령인구가 1,160만 명이 될텐데 이는 전체인구 5,029만 명의 23.1%에 해당된다. 이들 거대한 사회계층이 빈곤에 허덕이고 각종 사회문제를 일으키게 될 때 우리사회는 어떻게 될 것인가. 상상만 해도 끔찍한 일이다.

원래 우리 나라는 자식이 부모를 부양하는 유교적 전통을 가지고 있다. 그러나 이 같은 전통이 깨진지는 이미 오래다. 이제 노후생활은 각 가정이 아니라 사회안전망을 통해 보호받아야 한다. 그리고 고령 사회에 대비한 전반적인 사회·경제 시스템의 변화가 있어야 한다.

그러나 2001년 노인복지 예산비율이 전체의 0.32%에 불과한 것만으로도 노인복지가 얼마나 국가정책의 사각지대에 놓여 있는가를 알 수 있다. 그렇지 않아도 사회변화에 능동적으로 적응하기 어려운 노년계층은 거대한 빈곤층으로 전락할 위험이 크다.

무릇 지식산업, 인적자원경제 시대가 도래함에 따라 나타나는 위험중의 하나는 가진 자와 못 가진 자 사이의 격차다. 특히 정년퇴직을 앞둔 사람들 사이에 부의 불균형 문제는 심각하다. 이런 현상은 세계적으로 공통된다.

세계적으로 보면 1960년부터 1990년 사이 가장 부유한 상류계층 20%의 소득이 가장 빈곤한 하류계층 20%의 소득보다 세 배나 빠른 속도로 증가했다.

급속한 경제성장과 경제 개발은 또한 중국과 같은 일부 아시아 국가들에서 부자와 가난한 자 사이를 뚜렷하게 갈라놓았고 다른 지역에서도 빈부간의 격차를 더욱 심화시켰다.

미국 랜드(RAND)사의 조사에 의하면 1993년 미국의 51세에서 61세 사이의 백인들 중에서 가장 부유한 상류계층 10%는 34

만 6천달러의 자산을 갖고 있었다. 반대로 가장 빈곤한 하류계층 10%는 앞으로 들어올 연금과 사회복지 지원금을 포함해서 8만 8,640달러의 자산밖에 가지고 있지 않았다.

따라서 OECD에서 권고하고 있는 국가차원의 전략에 주의를 기울일 필요가 있다. 지금까지 OECD는 ①조기퇴직이 만성화되지 않도록 하고 ②공공부채비율을 줄이며 ③퇴직 후의 소득원을 다양한 연금(국민, 개인, 기업연금)에서 찾을 수 있도록 미리 시스템을 갖추라고 권고해왔다.

그러나 조기퇴직이 불가피하게 진행되는 우리사회는 젊은 노인을 양산하고 있다.

웬만한 직장에서는 이사 등 일부 임원을 빼고는 50대를 찾아보기가 쉽지 않다. 50대면 한창 일할 숙련의 나이이지만 반복되는 구조조정 속에서 살아 남기가 힘들다. 효율과 혁신을 요구하는 대다수 기업에서 50대의 경험과 경륜은 헌신짝처럼 취급된다.

게다가 법적으로 노인으로서 대우받을 수 있는 것은 65세부터이니 그 나이에 이르지 않는 수많은 '젊은 노인'들을 위한 복지정책은 전무한 형편이다.

적은 금액의 국민연금마저도 60세 이후에나 받을 수 있다. 소득이 없고 납부기간이 10년 이상이면 55세 이후부터 받을 수도 있지만 여기에 해당되는 사람은 그리 많지 않다.

'젊은 노인'은 곧 '사회적 죽음'과 같은 것이다. 따라서 퇴직시켜 놓고 사회안전망으로 보호하려는 방법보다는 좀 힘들더라도 적당한 일자리를 계속 보장해주는 것이 최선이다. 50대뿐 아니라 만 60대 이후의 노인에게도 가급적 일할 수 있는 기회를 주는 것이 여러 면에서 유리하다.

노년의 노동 참여는 소득 보장의 차원뿐만이 아니라 자아실현과 사회참여 기회의 제공이라는 측면에서도 크게 강조돼야 한다. 노인에게 일률적으로 연금이나 고용관련 지원금을 지급할 경우 결국 국민들의 세부담으로 귀결된다.

따라서 가급적 노동시장에 머물러 있게 하는 방안을 마련해야 한다. 특히 계약직이나 시간제 일자리를 확보하는 것은 기업 경영 측면에서도 유리하다.

다음은 이자 소득과 연금 소득으로 생활하는 노년층에 대한 보호가 시급하다. 연금과 퇴직금만을 믿고 노후준비에 소홀히 하다가는 현재와 같은 상황에선 낭패를 보기 십상이다. 또 콜금리를 계속 인하하고 은행권 금리가 계속 떨어지게 되면 이자소득으로 생계를 이어가는 사람들은 크게 타격을 받을 수밖에 없다.

우리 나라의 경우 명목 예금금리가 물가 상승률보다 낮아 실질적으로 일본보다도 상황이 좋지 않다. 마이너스 금리에 머물고 있고 과거처럼 월1부의 고금리 시대는 다시 올 가능성이 거의 없어 앞으로 은행이자로 생활을 꾸려 간다는 것은 불가능하다.

전문가들은 이자 소득세를 내리고 특히 일정액이하의 소득에 대해서는 현재 주민세를 포함하여 16.5%인 이자 소득세를 면제해야 한다고 주장한다.

그런가 하면 임기응변식으로 세율을 조정하기보다는 비과세나 세금우대저축 등을 보완하거나 다른 보완적인 복지 프로그램을 마련해야 한다는 주장도 있다.

2000년 현재 우리 나라 65세 이상 노인인구 339만 명 중 8.37%만이 국민연금, 공무원연금, 사학연금, 군인연금 등의 공적 연금 수혜자에 불과하고 나머지는 퇴직금 등을 은행에 맡겨 이자 소득으로 생활하고 있다는 점을 감안할 때 이들에 대한 대책은 시급하다.

노인 빈부격차가 심화된다

노인의 경제력이 강화되면서 노년층에서의 빈부 격차가 커지고 있다. 그러나 아직도 경제적으로 여유 있는 노년층보다는 빈곤한 계층이 압도적이다.

정부시책은 지극히 미미한 가운데 민간부문에서는 여유 있는 노년층을 겨냥한 각종 실버 상품이 쏟아져 나오고 있다. 이에 따라 호화로운 노후를 즐기는 노인들이 늘어나고 있어 노후의 양극화 현상이 예상된다.

특히 부유층을 겨냥한 초현대식 실버타운이 그 대표적인 예이다. 경기도 용인에 위치한 N시설의 경우 24시간 전문가가 돌보는 호텔급 의무실을 갖춘 경탄스러울 정도의 호화 시설이다. 30평에서 72평형까지 규모도 다양하며 보증금이 무려 2억 9천만원에서 8억원에 이른다. 여기에다 매월 180만원에서부터 230만원에 이르는 사용료를 내야 한다. 규모도 다양하며 중소기업체 사장과 의사, 교수, 약사, 변호사 출신들이 주요 입주자들이라고 한다. 서울 등촌동의 S시설 역시 분양금이 2억 2천만원에서 5억 61만원에 이른다. 이들 시설은 거의 분양이 완료되어 호황을 누린다.

시설에 입주하지 않더라도 여유 있는 생활을 하는 노인들이 많이 있다. 옛날 같으면 가지고 있는 재산은 자식들에게 다 털어 주고 기대어 살겠지만 지금은 그렇지가 않다. 경제력을 가지고 당당하게 노후를 즐기는 노인들이 날로 늘어간다.

노년 세대의 경제력은 앞으로 크게 강화될 것이며 이를 겨냥한 실버산업도 다양하게 발전할 것으로 보인다. 우리 나라도 이제 노인들의 여유 있는 생활이 가져올 사회·경제적 변화에 주목할 필요가 있다.

일본의 경우 고령자들의 60% 정도가 연금이나 보험 등의 수입으로 살아가지만 경제력 면에서는 젊은 사람들을 능가한다. 이러한 추세는 우리 나라에서도 이미 나타나고 있으며 머지않아 일반화될 것으로 보인다.

그런가하면 하루 세끼 끼니를 제대로 이어나가지 못하는 노인들도 많이 있다. 그래도 정부에서 지원을 받는 신고된 시설들은 차츰 상태가 좋아지고 있으나 비신고 시설에 몸을 의탁하고 있는 노인들은 비참한 상태에서 지내고 있다. 정부로부터 생활보호지원을 받거나 연금을 받는 노인 12.2%를 빼면 사실상 대다수 노인들은 불안한 노후를 보낼 수밖에 없다.

노인은 왜 가난한가. 그 이유는 현재의 한국노인들이 자신의 노후를 위한 대책을 세우지 못한 채 노후를 맞기 때문이다. 요즈음에 와서는 장년층의 대부분이 미리미리 자신의 노후를 자식에게 기대지 않고 스스로의 힘으로 살아가기 위해 노후대책을 세우는 예가 거의 일반화되어가고 있어 앞으로의 노인 빈곤문제는 크게 감소될 것으로 예상된다.

그러나 노후의 경제문제가 어느 정도 해결된다고 해도 생산활동에서 은퇴함으로써 사회의 다른 계층에 비해 노인들은 상대적 빈곤을 면키 어렵게 된다. 정도의 차이가 있겠지만 외국의 경우 역시 노인은 빈곤계층을 형성하는 주된 그룹으로 다른 계층에 비해 문제가 되고 있다. 미국의 경우 빈곤인구의 30%는 노인세대가 차지하고 있으며, 영국의 경우도 빈곤가구 중 노인가구가 50%내외에 달하고 있다.

더구나 노후보다는 자녀의 교육, 부양, 혼인 등 가족들의 문제로 자신을 희생해 온 우리 나라 노인들은 자식들이 부양해주지 않으면 대부분 살길이 막연한 실정이다. 노후사전준비를 못한 대표적인 원인으로는 ①자녀들의 교육비 부담 ②조기은퇴 ③노후연금제도의 미흡 ④인플레 요인 ⑤이자소득감소 등이라고 한다.

한국보건사회연구원이 1998년에 조사한 바에 의하면 우리 나라 노인가구의 절반 가량이 월 80만원 이하의 소득으로 생활하고 있는 것으로 나타났다. 노령연금도 그 수혜자가 전체의 20%에도 못 미치는 50만 4,200명 정도에 불과하며 연금 수령액도 생계비에 크게 못 미치고 있다.

하긴 우리 정부의 노인복지 관련 예산이 전체 정부 예산 가운데 0.33%인 3,090억원에 불과하다 보니 당연한 결과일 수 밖에 없다. 경로연금은 저소득 노인들에게 월 3만～5만원씩 지급되고 있다. 설사 의식주를 비롯한 기초생활은 유지한다고 하더라도 노인들의 용돈사정은 좋지 않다.

교통비의 증가, 우편·전화, 경조비, 문화활동, 취미 등 여가생활의 다양화로 노인들의 용돈은 점점 더 늘어나게 마련인데 이를 조달할 능력이 없게 되어 상대적 빈곤감을 갖지 않을 수가 없게 된다.

1992년 1월 한국소비자보호원이 서울 등 5개 도시에 거주하는 노인 600명을 대상으로 조사한 결과를 보면 응답자의 86.7%가 월 10만원 미만의 용돈을 쓰고 있었다. 내용별로 보면 1만원에서 3만원 미만이 28.8%로 가장 많았고, 3만원에서 6만원이 28.0%, 6만원에서 10만원이 16.8%였으며 1만원 미만도 12.6%나 됐다.

한국경제신문과 한국보건사회연구원이 공동으로 전국의 65세 이상 노인 2,500명을 대상으로 한 또 다른 조사에서는 월 소득이 40만원 이하인 노인가구가 31.6%이며, 40.5%가 자녀들이 주는 돈으로 살아가고 있는 것으로 나타났다. 한달 용돈은 평균 7만 9천 원으로 용돈이 전혀 없는 노인이 10.7%에 달했다.

대체로 10년 전과 비교하여 볼 때 노후준비를 하는 청장년층이 크게 증가하였고 노인들의 경제사정도 나아져 기본적인 의식주의 문제는 개선되었지만 문화생활과는 거리가 멀다. 특히 도시에서는 필요한 것들이 많아서 상대적으로 용돈이 부족하다.

서울시의 경우 생활보호대상자의 52.2%는 60세 이상의 노인이 차지하고 있다. 더구나 정부나 자녀의 도움 없이 방치되고 있는 '나 홀로 노인'이 전체 노인 339만 명의 2.5%인 8만 명으로 추산되고 있어 대책이 시급하다. 또한 빈곤의 정도가 심한 가구일수록 세대주의 노령화비율이 높게 나타나고 있다.

특히 IMF이후 가족부양의 책임이 남아있지만 50대 중반의 연령에 강제 퇴직 당하고 가지고 있던 퇴직금마저도 주식투자나 작은 사업으로 날려버려 온갖 스트레스와 패배감속에 지내는 노인 아닌 노인들이 양산되고 있는 것은 이후 극심한 노인빈곤 문제로 이어지게 될 것이다.

이들 '50대 노인'들은 아무도 돌보지 않는다. 10년 이상 더 일할 수 있는데도 준비 없이 노인이 되어 가고 있는 퇴직자들에 대한 재교육, 재취업 등 퇴직자 프로그램이 마련되지 않으면 안 된다.

　비단 이들에 대한 관심은 빈곤 문제의 해결이라는 차원을 넘어 고령화사회의 근본적인 대책을 세운다는 점에서도 시급하다. 즉 어떻게 생산성이 높은 경제 활동 인구를 창출하고 가능한 한 개인의 경제활동기간을 연장시킬 것인가 하는 점에서 파악하여야 한다.

　노후 생활에 있어서 빈부격차 역시 불가피한 것이기는 하지만 기본적인 생활을 할 수 있도록 사회안전망을 강화하고 특히 중산층 노년층을 위한 각종 프로그램을 강화하면 건강한 사회계층으로서의 노년층을 형성해 갈 수 있을 것이다.

연금재정 문제 없나

국민연금에 대한 불안이 가중되고 있다. 매월 꼬박 꼬박 낸 연금이 2030년에 가면 바닥이 날 것이라고 하니 그때 가서 노년이 될 현재의 젊은이들에게는 걱정이 이만저만 아니다.

얼마 전 공적 저축인 국민연금이 잘못된 설계와 방만한 운용으로 우리 나라 노인인구 비율이 선진국 수준에 도달하는 30년 후면 완전 고갈될 것이라는 보도가 나가자 많은 사람들이 정부 정책을 불신하고 자신에게 닥쳐 올 노후 생활에 대해 지금부터 불안해하고 있다. IMF역시 우리 나라 연금제도의 개혁이 시급함을 언급하여 불안을 더해주고 있다.

최근에 발표된 보고서에서는 향후 30년 동안 우리 나라 국민연금 수령자가 15배로 늘어나 그 숫자가 약 660만 명에 달하게 될 것이라고 예측했다. 따라서 지금과 같은 '저부담-고혜택'의 시스템으로는 오래 버티기 힘들 것이라고 경고했다. 만약 정말로 그렇다면 이는 고령화 사회의 안착에 치명적인 걸림돌이 될 것이다.

연금제도는 국민의 주요한 노후생활 안정 수단이라는 점에서 철저한 운용이 요구된다.

순천향대 김용하 교수는 고령화 추세가 지금과 같은 속도로 진행된다면 국민연금 적립금이 바닥나는 시점이 최소한 5년 이상 빨라질 것으로 내다 봤고, KDI도 그 기간이 10년 이상 앞당겨질 것으로 예측했다. 특히 김 교수는 2040년대에 가면 한 해 국민연금으로 지급되는 액수가 20조 원 가량 될 것이며 5년이 앞당겨지는 효과를 금액으로 환산하면 최소한 100조원 이상이라고 경고했다.

물론 현재의 국민연금제도가 그 운용에 있어서 문제가 있는 것은 사실이지만 2030년에 연금재정 자체가 반드시 고갈될 것이라는 주장엔 다소 무리가 있다.

원래 연금제도는 도입초기에 높은 보험률 부담을 줄이도록 하고 단계적으로 보험료율을 인상하는 것이 일반적이다. 특히 우리 나라에서 제도 도입 초기에는 부모를 사적으로 부양하면서 동시에 국민 연금을 통해 자신의 노후도 준비해야 하는 이중 부담을 고려했기 때문에 보험료율 자체가 낮게 책정되었던 것이다.

따라서 현행 보험료율과 급여율을 유지한다면 문제가 있겠으나 보험료율을 계속 조정해 나가기 때문에 고갈 염려는 없다. 정부는 지난 1998년 법개정을 통해 2003년부터 5년마다 연금재정에 영향을 미칠 수 있는 새로운 변화를 고려할 수 있도록 재정재계산제도를 운영하고 있다. 그 결과 재정고갈 시점이 2031년에서 2048년으로 수정된 바 있다.

이에 따라 적정보험률 및 적정급여 구조를 유지하도록 하고 있어 납부 보험료액 대비 급여액의 비율인 수익비를 균형적으로 유지하고 재정의 장기적인 안정도 이룰 수 있게 하고 있다. 우선 소득대체율을 70%에서 60%로 낮추고 연금수급개시 연령도 현행

60세에서 2013년부터는 5년마다 1세씩 상향조정하여 2033년에는 65세가 되도록 했다.

그러나 고령화 추세가 빠르게 진행하여 연금재정 고갈시기가 이보다 앞당겨질 것이라는 지적도 없지 않다. 송대희 한국조세연구원장은 국민연금 재정의 고갈시기가 당초 전망된 2048년에서 5~10년정도 앞당겨질 것이라고 우려했다.

무엇보다도 재정안정화와 기금 증식이라는 두 가지 과제를 위해 전문성을 강화하고 기금운용의 투명성을 보장해야 한다. 따라서 재정재계산제도를 내실있게 운영하여 장기적인 연금재정의 안정을 이루어야 할 것이다. 이와 함께 기금운용이 방만하다는 지적이 있는데 이는 절대로 유의해야 한다. 최근 증시 침체에 따른 평가손 발생이라든가 투자부분에 있어서 문제가 있다.

OECD에서는 현재의 국민연금제도의 개편을 위해 ①소득재분배 ②퇴직금의 기업연금체제로의 전환 ③개인연금확대 등을 제안한 바 있다.

앞으로 개인 스스로 민간 보험과 기업 연금 등 사적부문을 통해 노후 생활 안정을 설계할 필요가 있다. 그러나 기본적으로 부족한 노인복지비용을 위한 공적대책이 세워져야 한다. 결국 노령인구의 부양책임은 앞으로 국가재정이 떠맡을 수밖에 없기 때문이다. 문제를 이대로 내버려 둘 경우 다음 세대의 부담으로 전가되므로 이에 대한 종합적인 대책이 있어야 한다.

연금재정문제와 나아가 노인인구 부양문제는 비단 우리 나라뿐만 아니라 유럽을 비롯한 세계 여러 나라가 심각하게 고민하고 있는 중요한 문제다. 특히 유럽의 인구 감소 추세는 고령화, 조기 퇴직과 맞물려 사회복지 정책을 위협하고 있다.

2015년 유럽의 연금 생활자는 전체인구의 3분의 1인 1억 1,300

만 명으로 추산된다. 50년 전에 비해 평균 수명은 11년이 늘어났다.

게다가 유럽 각국 국민 중 상당수는 실업률이 10%를 넘고 일자리 수는 크게 늘지 않은 만큼 조기퇴직을 통해 젊은 인력에게 일자리를 만들어 주는 것은 당연하다는 생각을 갖고 있다. 또한 강제퇴직하는 경우도 있지만 조기퇴직에 따른 불이익이 크지 않기 때문에 퇴직 후 여생을 즐기려는 사람도 많다.

그래서 유럽 대부분 국가의 정년 퇴직 연령은 65세이지만 남성의 실제 평균 퇴직 연령은 61세다. 여성의 평균 퇴직연령은 58세다. 결국 유럽인들은 조기퇴직과 수명연장에 따라 15년 가량을 연금만으로 생활하고 있는 것이다.

그러나 유럽의 연금제도는 오래 근무하면 할수록 정부에 돈을 더 내야 하는 시스템이다. 세금으로 지탱되는 국가연금제도를 보완해 줄만한 기업 등 사적인 연금 제도가 미약하다. 기업 연금을 받는 유럽 근로자는 7%에 불과하다.

유럽의 경우 대체로 2030년에 이르면 연금 생활자 인구와 경제활동 인구가 똑같아질 것이란 분석이다. 그만큼 부담이 커질 수밖에 없다.

이와 같은 인구 고령화와 연금 수령자의 증가는 유럽 단일 통화인 유로의 장래에도 심각한 위협이 되고 있다. 가령 어느 한 국가가 연금 재정지출을 확대해 재정 적자가 늘어나면 이자율이 높아져 다른 유럽국가에 영향을 주게 된다. 연금 재정 위기를 타개하기 위해서는 세금을 대폭 올리거나 연금을 대폭 줄이는 수밖에 없다.

그러나 어느 것을 선택해야 할지 정치적 판단을 하기 어렵다. 또 어느 쪽을 선택하더라도 사실상 실행하기가 어렵기 때문에 유럽 각국은 고민하고 있다.

우리 나라도 날이 갈수록 연금 수급자가 늘어나면서 노인 부양 수단으로서의 연금문제가 크게 대두될 것이다. LG경제연구원에 따르면 우리 나라는 2030년에 가면 국민연금과 의료보험 등 공적 사회보험의 재정지출만 GDP의 20%에 달할 것으로 예상하고 있다.

따라서 사적부문의 노후생활 안정수단과 아울러 장기 재정대책을 세워야 한다. 전문가들은 노인복지세 신설과 노인복권제도 등의 방안을 제시하여 폭발적으로 증가하고 있는 노인복지 비용에 충당해야 한다고 주장하기도 한다. 그러나 문제별 단편적인 대책보다는 '고령사회'에 대비한 광범한 사회정책을 수립해야 한다.

지난해 하반기부터 국무총리실 안에 '노인복지대책위원회'가 설치되었으나 아직 정책수립이나 조정은 물론 자문 기능을 제대로 하지 못하고 있다는 평이다. 보건복지부의 노인복지관련기구도 노인복지과, 노인보건과 등 2개 과에서 담당하고 있을 뿐이다.

지금이라도 늦지 않았으니 외국의 경우처럼 기구를 확대하여 전문화하고 노인복지와 고령화문제를 다룰 국가연구기관을 설립해야 한다. 그리고 체계적이고도 근본적이며 장기적인 대책을 수립해야 한다.

노인을 웃음거리로 만드는 TV프로

노인이 무엇인가. 원래 우리 나라 노인상은 어떤 것이었나. 현대의 노인상은 어떤 모습이어야 하는가.

하얀 수염에 지팡이 짚고 고목 나무 밑에 서있는, 늙었지만 건장한 산신령 같은 모습, 혹은 대청마루에 꼿꼿하게 앉아 어린아이들에게 공자, 맹자 가르치는 노인은 아니더라도, 세상 풍파 이기고 지식과 경험이 몸에 밴 여유 있는 모습의 노인, 그런 노인이 돼야한다.

그런데 그런 노인은 다 어디로 갔는가.

요즈음 노인대상 TV프로그램을 보면 노인은 그저 무식하고, 말귀도 못 알아듣고, 상스러운 욕지거리와 음담패설을 남발하는 그런 존재다. 노인 프로그램을 그저 오락적 차원에서만 운영한다면 노인은 단지 웃음, 아니 비웃음의 대상이 될 뿐이다. 노인을 바보스럽게 만들어서 시청자들을 웃기는 것이 이 TV 프로의 취지인가 의문이 간다.

노인의 경험과 지혜와 철학을 배울 수 있는 프로나, 사회참여,

노익장 과시, 사회봉사, 특기자랑 등등 얼마든지 노인에게 맞는 좋은 프로그램을 만들 수 있을 텐데 참으로 안타깝다.

그래서 재작년부터 노인들이 처음으로 노인 시청자 권리 찾기에 나섰다. 일종의 노인의 시민운동인 셈이다. '좋은 방송을 위한 노인의 모임'이 그것이다. 이 모임에서는 노인 스스로가 나서서 TV의 노인대상 프로그램을 모니터하고 노인 시청자의 권익을 옹호하기 위한 활동을 하고 있다.

각 TV방송사에서 노인 프로그램을 정규편성으로 확대하여 노인계층을 배려하는 것까지는 좋으나 노인의 모습을 왜곡시켜 방송함으로써 노인에 대한 사회적 편견을 확대시키고 있는 것은 큰 잘못이다.

순박한 시골노인들을 우스개 감으로 만들거나 상품화의 대상으로 삼는 것은 우리 사회의 전통적 어른 공경 의식을 급격히 소멸시키는 일종의 죄악이기도 하다. 할아버지 할머니들을 젊은이들의 폭소를 위한 소품쯤으로 전락시켜 즐긴다는 것은 도의적으로도 문제가 있고 우리의 가치관마저 흔들어 놓는 일이다.

도대체 할아버지들이 소시적 바람피우던 애기나 부인을 학대하던 지난날이 무슨 가치가 있고 아름다운 추억이며, 나오는 사람들의 첫날밤 애기가 뭐 그리 듣고 싶단 말인가.

노인들 욕지거리와 쩔쩔매는 발음과 이상스런 행동이 의외로 시청률을 높이고 있다니 시청자들마저도 이상한 세계로 끌려 들어가고 있는 것이다.

당초에는 소외된 시골노인들을 골든아워에 등장시켰다는 점에서 긍정적인 평을 듣기도 했으나 날이 갈수록 그 운영이 무의미의 수준을 넘어 '위해'의 수준으로 치닫고 있다.

이들 노인프로는 대개 온 가족이 한데 모여 시청하는 시간대이기 때문에 가정이나 사회에 미치는 영향력이 크다.

특히 우리 사회가 걸어온 과거의 어두운 역사를 모르고 자란 어린이들에게 우리의 할아버지 할머니들의 볼품없는 자화상을 각인시켜 줄 위험성이 적지 않다. 가뜩이나 핵가족제도로 노인들과 따로 사는 어린이들에게 미칠 위해는 더욱 크다.

방송위원회와 시민단체들이 나서서 "전통적 가치를 해친다"는 이유로 항의도 하고 경고조치도 내리고 개선을 요구하지만 별로 나아지지 않고 있다. 애당초 흥미위주로 생각했기 때문일 것이다. 노인의 프로는 전통사회 붕괴와 함께 역할과 권위를 상실해 가는 이 나라 노인들의 살아온 발자취와 삶의 의미를 후손들에게 가르쳐 주는 내용으로 바뀌어야 한다.

가뜩이나 설 땅을 잃어 가는 노인들이 TV에서조차 폭소의 대상이 된다면 가정에서는 어떤 대접을 받을 것인지도 재고해 봐야 한다. 늙어서도 품위를 잃지 않고 건강한 모습으로 살아가는 노인들을 소개하는 프로가 더욱 시청률이 높은 사회가 돼야 한다.

또 그렇게 되도록 유도해 나가야 하는 것이 방송사들의 임무이기도 하다.

노인건강 대책 시급하다

2000년 6월 세계보건기구(WHO)가 발표한 '건강 수명' 통계를 보면 우리 나라의 고령화가 그다지 건강하게 진행되고 있는 것은 아니라는 사실을 알 수 있다.

건강수명은 평균 수명에서 질병이나 부상, 장애 등의 기간을 뺀 기간이다. 즉, 삶의 질을 나타내는 지수인 셈이다. 오래 사는 것 못지 않게 건강하고 편안하게 사는 것이 중요하기 때문이다.

그런데 이 통계에 따르면 우리 나라 사람들의 건강수명은 62.3세로 세계 191개중 81위에 그치고 있다. 다시 말해 오래 살지만 그것이 건강한 삶이 아니라는 점에 문제가 있다.

보건복지부가 발표한 64.3세를 기준삼아도 일본의 75.2세, 독일의 71.5세에 비해 크게 차이가 난다.

우리 나라 사람들의 평균수명이 2000년 현재 75.9세인 점을 감안하면, 우리 나라 사람들은 살아 있는 동안 10년 가량을 질병, 장애 등으로 고통을 받고 있는 것이다. 평균 수명과 건강 수명의 차이를 보면 일본, 미국, 영국 등은 7~8%인데 비해 우리 나라는 무려 16.3%나 된다.

그만큼 우리는 편안한 장수를 누리지 못하고 있다는 얘기다. 그도 그럴 것이 교통사고만 해도 세계최고이고, 폭발사고, 붕괴사고 등 각종사고로 인해 많은 사람들이 신체적 고통과 장애로 고생하고 있다.

뿐만 아니라 감염성 질환에 걸릴 확률이 매우 높고 고혈압, 당뇨 등의 성인병 발생률도 높다. 환경오염에 의한 질병도 나날이 증가해가고 있고 식품 등에 의한 이환률도 매우 높아지고 있다. 도대체 꽃게나 생선에서 납이 나오는 어처구니없는 식품 공포국에서 살고 있으니 건강 수명이 제대로 나타날 리가 없다.

또 우리처럼 스트레스 속에서 허겁지겁 살고 있는 나라가 어디 있겠는가. 저칼로리의 식사, 각종사고 발생률이 낮은 일본의 건강 수명이 1위인 점을 눈여겨보고 생활환경과 생활습관을 개선하지 않으면 우리의 장수는 그 의미가 감소될 수밖에 없다.

우리 나라 20세 이상 국민 중 42.6%만이 자신의 건강상태가 좋다고 생각하고 있어 이탈리아의 62%, 스웨덴 77% 등 OECD 여러 나라들에 비해 건강하지 못함을 알 수 있다.

우리 나라 사람들이 가장 많이 앓고 있는 질환은 피부병, 관절염, 요통, 위염, 소화성 궤양, 고혈압 등이 54.4%를 차지하고 있고 특히 충치가 15.8%나 된다.

특히 노인의 경우 거의가 노인성질환에 시달리게 된다.

한국보건사회연구원의 조사에 의하면 우리 나라 65세 이상 노인 중 질병을 갖고 있는 비율이 84.4%에 달하고 있어 노후 생활이 얼마나 어려운가를 알 수 있게 한다.

이러한 현실은 본인에게는 물론 직접적인 고통이겠지만 사회적으로도 막대한 비용으로 작용하게 된다.

우리 나라 의료보험 진료비가 해마다 증가하는 것은 의료보험 급여기간의 확대, 급여 수준의 향상 등 여러 가지 이유가 있지만 가장 중요한 원인은 노인의료비가 급증하기 때문이다.

노인 인구가 증가함에 따라 노인의료비가 급증하는 것은 불가피하다. 진료비 지출에 관한 조사에서 보면 고혈압, 뇌혈관 질환, 암, 당뇨 등 5개 만성퇴행성 질환의 진료비가 지난 3년간 무려 2.5배 가까이 증가했다고 한다.

또한 노인성 질환은 특성상 만성질환이 주류를 이루고 있어 장기 요양을 필요로 한다. 그런데도 노인 전문의료시설이 별로 없어 체계적인 진료를 받기 어렵고 적절한 요양이나 간병인 등을 선택할 수 없어 장기입원으로 이어지는 악순환을 낳고 있다.

결국 노인의료비는 필요이상으로 과다하고 의료보험재정 적자와 압박의 중요한 요인이 되고 있다.

한편 병원 이용시 입원비의 20%, 병원 진료비의 50%, 의원 진료비의 30%를 환자가 부담해야 하는데 경제력이 없는 노인들은 진료비를 부담 할 수가 없어 의료시설 이용자체를 아예 포기해야 하는 실정이다.

우리 나라 65세 노인 인구 중 55%가 월 소득 20만원 미만의 저소득층 노인이고 보면 현행 보건의료 체제로는 노인인구의 절반 가까이는 아예 병원근처에 갈 엄두조차 내지 못하고 있는 형편이다.

노인 인구가 증가함에 따라 이러한 문제는 사회적 문제로 크게 확산되고 있다. 따라서 우리 나라에서도 하루 속히 노인 보건의료 체제 수립을 위한 법제화가 시급하다.

선진국들의 경우 국가 책임의 원칙아래 노인성질환의 특성을 고려한 노인보건의료체계를 구축, 운영하고 있다.

미국은 65세 이상 노인의 보건의료 및 간병 서비스를 제공하는 메디케어(Medicare)와 저소득층을 위한 메디케이드(Medicade) 제도를 운영하고 있다.

일본의 경우 노인보건법에 의해 의료서비스를 제공하고 있으며, 사회보장제도가 일찍이 정착된 영국은 정부가 70%의 재정을 지원하는 노인전문병원, 요양시설, 노인홈 등을 운영하고 있다.

우리 나라의 경우 실정에 맞고 비용이 덜 들고 쉬운 방법부터 선택해 나가는 것이 바람직하다.

예컨대 '노인 간병제도'를 발전시켜 우선 가정 내에서 건강을 돌볼 수 있도록 하는 방법을 발전시켜 나가야 한다. 이를 위해 가정 간병, 시설 이용 및 보호 간병, 간병 보험제도 등을 실시해야 한다.

독일의 경우 1955년부터 노인 간병 보험에 의해 노인홈에 들어가 호텔 수준의 수발을 받고 있고, 덴마크의 경우 집에서 가족과 함께 생활하면서 간병 보험에 의해 홈 헬퍼의 도움으로 식사, 배설, 세수, 대화, 산책 등 편안한 생활을 하고 있다.

일본에서도 집, 노인 홈, 요양원 등에서 도움을 받으며 편안한 노후를 보낼 수 있다.

원래 건강은 기본적으로 각자 개인이 신경 써야 할 일이다. 생활습관을 바꾼다거나, 운동을 하거나, 취침, 식사 등 우선 각자 자신의 건강을 돌보는 것이 중요하다.

그러나, 사회적 생활 환경을 조성하는 것과 같은 일은 개인이 할 수 없다. 건강증진 프로그램개발, 의료체계나 사회 복지 프로그램의 개발, 보급, 교육 및 문화 등 날이 갈수록 국가나 지방자치단체 등 공공 부문에서 해야 할 일들이 증가하고 있다.

이런 일들은 개인과 사회가 힘을 합해 개선해 나가야 하며, 건강수명뿐만 아니라 환경수명, 교육수명, 문화수명에 관한 것도 생각해야 한다.

　또한 어느 한 계층이나 집단이 소외된 채 건강해 봐야 의미가 없다. 갈수록 커지는 노령계층의 건강을 도외시하고 건강수명을 기대할 수는 없다.

　개인이나 사회가 총체적으로 건강해져야 한다. 그것이 복지사회다.

노인보건법을 만들자

현행 노인복지법 제1조 목적에 의하면 "노인의 질환을 사전예방 또는 조기발견하고 질환상태에 따른 적절한 치료·요양으로 심신의 건강을 유지하고, 노후의 생활안정을 위하여 필요한 조치를 강구함으로써 노인의 보건복지증진에 기여함을 목적으로 한다"라고 명시돼 있다. 그러나 노인복지법에는 노인의 질환을 사전예방·조기발견, 적절한 치료·요양을 보장하기 위한 실효성 있는 내용이 사실상 미비하다.

노인보건법을 별도 제정해야 하는 이유는 현재의 노인복지법이 노인복지서비스 중심이어서 개정만으로는 산재한 노인문제를 해결하기에 많은 한계가 뒤따르기 때문이다.

지속적인 출생률의 감소와 평균수명의 연장으로 노인인구가 크게 증가하는 반면, 노부모 공양의 전통적인 효 가치관이 크게 붕괴되어 노인보호에 대한 가족책임 의식도 약화하고 있고, 노인의료비의 증가로 개인적·사회적 비용도 큰 부담이 되고 있다.

OECD 통계에 따르면 노인계층은 비노인계층에 비해 일인당

의료비용이 2~5배에 달하고, 특히 75세이상 후기노인계층의 일
인당 의료비용은 더욱 높은 5~6배에 달하고 있다는 것이다. 따라
서 노인의료비 문제를 사회적으로 해결해야 한다는 목소리가 높아
지고 있다.

노인들은 대부분 육체적·정신적 노화로 인한 노인성 질환을
가지고 있고, 노인병의 특성상 장기간 치료를 필요로 하고 있다.

우리 나라 65세 이상 노인의 86.7%가 관절염과 고혈압 등 한
가지 이상의 만성퇴행성 질환이 있다. 전반적으로 활동하는 것에
제한받는 노인비율 37.8% 가운데 주요활동에 제한이 있는 노인비
율이 14.4%, 하루종일 누워서 지내거나 앉아서만 지내는 등 집
밖 출입을 하지 못하는 소위 '사회적 활동이 불편한 노인'은
10.3%에 달한다. 또한 2000년 현재 치매노인은 전체노인의 8.3%
인 29만 명이며, 이 중 중증 치매노인이 3만 9천명에 이르고 있다.
치매 유병율은 2020년에는 9.0%로 늘어날 것으로 전망되고 있다.

노인성 질환 대상자의 노인들의 보건의료 수요를 해결하기 위해
서는 해당 노인이나 가정에게 책임을 전가하기보다 국가적·사회
적 책임을 강화하고, 노인간병비 지원 등 장기요양보호정책을 강
화해나가지 않으면 안된다.

장기요양보호를 위한 단기대책으로는 노인요양시설과 노인전문
요양시설을 확충하고, 치매·중풍 등 전문요양병원을 확충하며,
가정봉사원파견시설·주간보호시설·단기보호시설 등 재가노인복
지시설을 확충하고, 한방진료 등 보건소의 노인보건관리사업을 활
성화하며, 노인장기요양관련 건강보험 급여를 확대하고 노인진료
수가를 개발하고, '노인장기요양보호대상 판정의' 제도 도입 등의
대책을 검토할 필요가 있다.

그리고 중·장기대책으로는 노인보건과 관련한 전문인력을 양

성하고 '국립 치매·뇌의학연구소'나 '국립노화방지연구소' 등 전문연구기관을 설립하며, 장기요양보호서비스 제공을 위한 재원조달방식을 마련하고, 노인 장기요양보호와 관련된 '노인보건법'을 제정하는 것이 필요하다고 생각한다.

현재의 노인복지법을 개정하여 노인장기요양보호 등 관련내용을 보강한 가칭 '노인보건복지법'으로 개편하는 방안도 있으나, 그것보다는 선진국들과 같이 분리입법을 추진하여 가칭 '노인보건법' 또는 '노인장기요양보호법'을 제정하여 보건교육·건강증진사업의 활성화를 통한 노인성 질환의 사전예방과 함께, 치료·요양을 위한 시설확충, 시설수용보호 위주에서 지역·가정중심의 복지체계 구축, 노인의료보호제도의 도입, 만성질환·치매·중풍·허약 노인들을 위한 보건의료대책의 강화 등 건강한 노후보장을 위한 적극적인 정책을 추진하도록 제도적 뒷받침을 하는 것이 필요하다.

이와 관련하여 정부가 최근 노인간병보험제도로 일본에서 지난해 시행한 '개호보험제도'와 유사한 '노인요양보험제도' 도입을 검토하고 있는 것은 고무적인 일이다.

그러나 급증하는 노인의료비용에 대처하여 장기요양보호를 강화하는 데 필요한 재원조달방식으로 미국처럼 사적장기요양보험방식으로 할 것인가, 일본이나 독일처럼 사회보험방식으로 할 것인가, 아니면 '사회보장세' 신설과 같은 특별조세 방식에 의할 것인가, 국민건강보험제도의 보완에 의할 것인가 등에 대해서는 한국의 실정에 맞도록 충분한 연구와 논의를 거쳐야 할 것이다.

일본의 경우 장기요양보호와 관련하여 40세 이상 중증장애인도 포함하고 있는데, 우리나라도 가칭 '노인보건법'의 제정과 관련하여 노인에 한정하여 적용하거나 40세 이상 중증장애인도 포함하는 등 적용대상 인구를 확대하는 방안에 대해 진지하게 검토할 필요성이 있다.

건강문제는 고령기 '삶의 질' 향상에서 핵심적인 과제라고 할 수 있으며, 이를 무시한 고령화는 국가와 사회의 노인의료비용 부담의 증가로 이어질 수밖에 없다.

만성질환과 활동제한이 큰 비중을 차지하는 노인보건의료문제를 의료비의 증가를 통해 살펴보면, '85년에서 '98년간 전체의료비 증가는 16.6배(5,830억원→9조7,000억원)를 기록했으나, 같은 기간 중 노인의료비 증가는 53배(280억원→1조4,910억원)를 기록했다.

'99년도 건강보험통계에 의하면, 노인인구는 전체인구의 6.3%이지만 노인이 사용한 보험급여비는 전체 급여비의 17.6%에 이르고 있다. '95년 5.6%의 노인인구가 12.7%의 보험급여비를 사용한 것과 비교할때 4년간 노인 일인당 급여비가 133%나 증가한 것이다.

또한 최근 '국민건강보험공단 사회보장연구센터'에서 '90~'99년 동안 65세 이상 노인의 현물급여비를 추계한 결과에 따르면 노인급여비가 매우 급격하게 증가하였고, 2020년 이후에도 높은 증가율이 유지될 것으로 전망되었다.

65세 이상 장래 보험적용 인구는 1990~2020년까지 연평균 3.9%씩 증가할 것으로 예상되며, 이는 전체 인구에 대한 연평균 증가율 1%를 크게 넘는 것이다. 이중 평균수명 연장에 따라 75세 이상 인구는 빠른 속도로 증가하여 2010년 이후 65~69세 인구에 비해 더 많아질 것으로 전망되고 있다.

적용인구 일인당 연간 입원일수는 2020년에 남녀 모두 75세 이상에서 20일 내외로 증가할 것으로 예상되며, 70~74세에는 10일 내외, 65~69세에서는 6일 내외가 될 것으로 전망된다. 한편 적용 인구 일인당 연간 내원일수는 2020년에 약 40일에 근접할 것으로 예상된다. 참고로 일본의 경우 '97년 65세 이상 노인인구 일인당 연간 외래 내원일수는 41.82일, 입원일수는 18.66일이었다.

이에 따라 노인급여비는 2005년에 약 4조원, 2010년에 약 8조 6천억 원, 2015년에 약 15조 5천억 원, 2020년에 약 26조원에 이를 것으로 전망되어 매우 급격한 증가가 예상된다.

특히 이러한 증가는 외래보다는 입원에서, 연령층으로 볼 때 75세 이상이 주도하고 있는데, 75세 이상 입원에 해당하는 급여비는 매우 빠르게 증가하여 전체 급여비 증가를 주도하고 있다.

이와 같은 추계결과는 중장기적으로 노인에 대한 대책이 외래보다는 입원 서비스 분야에서 수립되어야 하며, 특히 2005년 이후에는 규모 면에서 75세 이상 노인이 차지하는 비중이 높아, 이들이 대책수립의 중심대상이 되어야 할 것이라는 점을 사회보장연구센터에서는 강조한 바 있다.

정부는 건강보험재정안정대책(2001.5.31)에서 중장기과제로 '노인요양보험제도' 도입을 천명했다. 급증하는 노인의료비문제에 적극적으로 대처하고, 노인장기요양보호를 활성화하기 위해서는 '노인요양보험제도' 도입은 바람직하지만, 사전 준비 없이 서둘러 도입할 경우 실효성이 반감될 수 있다는 점을 상기해야 할 것이다.

일본의 경우 개호보험제도 도입에 앞서 1982년 노인보건법을 제정하고 1989년 '골드플랜'(Gold Plan : 고령자보건복지 추진 10개년 전략) 등을 통하여 오래 전부터 체계적으로 요양시설을 확충하고 전문인력인 개호사를 양성하는 등 인프라 확충에 총력을 경주해왔다.

참고로 일본의 노인보건법은 1982년 8월에 공포되고 다음해 2월부터 시행되었는데, 질병 예방으로부터 치료, 기능훈련에 까지 종합적인 노인보건의료사업을 제공함과 동시에 필요한 비용은 국민이 공평하게 부담하는 것을 목적으로 하고 있다.

노인보건법 제정의 배경은 인구의 고령화 진행과 노인의료비 증가가 국민의료비의 신장을 크게 웃돌아 건강보험 지출을 증가시켰고, 노인의료비 부담에 있어서 의료보험제도간의 불공평이 문제화됨에 따른 것이다. 때문에 소득제한 없이 모든 고령자를 대상으로 하는 일원적인 체계를 도입하고 노인의료비용을 모든 의료비의 제도에서 공평히 부담하게 해야 했던 것이다. 이는 재정부문의 조정기능을 도입하는 것이었고, 새로운 노인진료수가를 설정하여 의료의 적정화를 도모하고, 노인성 질환예방과 조기발견 및 치료를 위해 40세 이상을 대상으로 한 본격적인 보건사업이다.

하지만 우리 나라의 경우 노인보건사업은 노인요양보험제도 시행에 따른 노인전문병원이나 요양시설, 그리고 전문적인 교육훈련을 받은 간병인 등 인프라가 턱없이 부족한 실정이다.

이러한 점에 대해 종합적이고 치밀한 준비가 선행, 또는 병행되어야 하며, 인프라 확충을 위한 범정부적인 협력과 관련예산 확보를 위해서는 여·야를 넘어 국회차원의 공동노력이 필요하다.

노인복지법 개정해야

1970년대 이후 사회구조가 산업사회로 전환되고 65세 이상 노인인구가 점차 증가함에 따라 우리 정부는 노인들의 생활안정과 복지증진에 기여하기 위하여 1981년 노인복지법을 제정했다. 그 후 1989년과 1993년, 그리고 1997년과 1999년 등 네 차례에 걸쳐 노인복지법을 개정한 바 있다.

그러나 우리 나라의 노인복지법은 노인복지시설에 대한 지원 등 노인복지서비스를 중심으로 하기 때문에 고령화의 급진전 등 사회환경의 변화와 급증하는 노인복지 수요를 충족하기에는 역부족이라는 지적이 많다.

특히 복지선진국들처럼 노인관련단체나 시민사회단체, 학계 등이 정책형성 및 정책결정과정에 광범위한 참여를 통해 법 제정이 추진된 것과는 달리, 우리 나라에서는 노인복지법 제정이 행정편의 위주의 관 주도로 제정되었다는 측면을 간과할 수 없다.

이에 비해 일본의 경우는 우리에게 시사하는 바가 크다. 일본형

복지사회 모델을 설정하고 비용과 대응방법 등 모든 노인복지관련 법을 제정 내지 개정해왔다.

1963년 제정된 노인복지법 등 노인복지관련법들은 일본사회가 고령화사회를 맞게될 것을 전제로 노인을 포함하여 국민 누구나 안심하고 생활할 수 있고, 활력있는 복지사회를 건설하겠다는 목표를 향한 적극적인 자세 아래 특히 요개호노인이 대부분인 후기 고령자의 증가에 대비한 개호대책에 심혈을 기울여 왔다.

일본은 1989년 복지8법 개정이후 채택된 '와상노인을 위한 작전'을 개시했고, 재택복지를 한층 충실화하기 위해 '장수사회복지기금'의 설치를 법제화하였다.

뿐만 아니라 '골드플랜'에서와 같이 공급체계의 정비와 관련하여 노후에 개호를 언제나, 어디서나, 누구나 제공받을 수 있도록 추진하고 있다. 정비계획을 확실히 실현하기 위해 2000년 4월부터 시행하고 있는 '공적개호보험법'을 제정하는 등 노인복지 증진을 위한 법률을 제정해왔다.

비용과 관련해서 일본은 행정처분에 의한 조치제도를 개선하여 노인복지 대상의 보편화에 따른 안정적 재원의 확보를 위해 수익과 부담이 명확한 사회보험료 부담 중심, 세대간과 제도간, 부담자와 수혜자간의 공정·공평한 부담이 확보되고, 국민의 욕구를 해결할 수 있는 효율적 시스템의 구축을 꾀하고 있다.

정책적 대응방법을 보면 노인부양비 부담과 관련하여 공정·공평·효율적인 노인복지제도의 확립과 자조(自助)·공조(共助)·공조(公助)에 의한 지역보건의료시스템의 구축, 이용자 본위의 서비스체계 확립, 그리고 고령자가 안심하고 생활할 수 있는 여유 있는 주택의 확보와 거주지역의 환경정비, 지역에서의 보건·복지의 유기적 연계체계를 구축하기 위한 노인복지관련법이 서로 연결돼 있다.

앞으로 우리 나라가 일본의 고령화 속도를 능가할 경우 머잖아 노인문제가 매우 심각한 사회문제가 될 것이라는 점을 예상해야 한다. 무엇보다도 정부의 철저한 인식이 필요하며, 노인문제 해결을 위해서는 보건복지부 뿐만 아니라 정부부처 모두가 합심하는 의지가 필요하다고 생각한다.

특히 노인복지대책의 시행착오를 최소화하려면 지금부터라도 장기요양보호가 필요한 노인의 실태, 노인의 욕구 등을 정기적으로 조사하고 그 결과를 바탕으로 현행 노인복지정책의 체계를 검토해야 한다. 또 중·장기 노인복지종합대책을 수립하여 이를 시행하기 위한 제도의 개선, 시설의 정비와 확충, 전문인력의 양성 등을 본격적으로 추진하는 것이 필요하다고 하겠다.

이러한 점을 감안할 때 최근 들어 현행 노인복지법에 대한 재검토와 함께 노인복지관련 분야별 분리입법의 필요성에 대한 문제제기가 활발하게 이루어지고 있음은 주목할만한 일이다.

선진국들의 경우 노인복지 관련법률을 분야별로 분리 입법한 사례가 적지 않다. 그 까닭은 노인복지수요라고 하면 소득보장문제, 보건의료와 관련된 노인건강문제, 노인주거시설과 관련된 문제, 재가노인복지서비스와 관련된 문제 등 많은 문제점을 안고 있는데 이를 하나의 통합된 법으로 반영하기에는 다소 무리가 따르며, 노인들의 다양하고 고도화된 복지수요를 충족하기에는 역부족이라는 판단에 따른 것이다.

따라서 현재의 노인복지법을 부분적으로 개정하는 방식으로는 급증하는 노인복지 수요를 충족할 수 없기 때문에 중·장기적으로 분리입법을 검토해야 한다는 주장은 설득력이 있다.

조기 분리입법을 주장하는 측에서는 현행 노인복지법을 '노인복지기본법'으로 명칭을 개정하고 기본법을 바탕으로 하여 노인의료복지법, 재가노인법, 노인사회안정법, 노인문화보호법, 부모봉양책임법 등으로 구분해야 한다고 제시하고 있다.

그러나 지나치게 세분화 할 경우 통합적·체계적 노인복지정책을 수립·시행하는 데 혼란을 초래할 가능성이 높기 때문에 현실적 여건을 감안하여 분리를 최소화하는 것이 바람직하다고 생각한다. 현재로선 분리입법 논의가 아직 초보적인 단계에 머물고 있어 구체적인 방안이 제시되지 않고 있는 상황이다.

따라서 현행 노인복지법을 수정·보완하여 고령화의 진전에 따라 필요한 사항을 반영하는 한편 노인사회안정, 주거나 소득보장에 대한 관련법을 새로 개정하는 것이 보다 현실적이다.

다만, 고령화의 급진전과 노인보건의료비용의 핵심적인 문제를 해결하기 위한 '노인보건법' 또는 '노인장기요양보호법'만큼은 조기에 분리 입법하는 방안을 적극 검토해야 한다.

현행 노인복지법 내용 가운데 개정이 필요하다고 노인관련단체나 학계등에서 제기해온 대표적인 사항은 다음과 같다.

첫째, 현행 노인복지법에 언급하지 않은 노인에 대한 기준연령을 규정해야 한다.

노인복지법 상의 경로연금 지급 대상을 65세로 규정하고 있고, 유엔에서도 65세 이상의 노인인구 비율을 기준으로 고령화사회, 고령사회, 초고령 사회로 분류하고 있다는 점을 감안하여 노인을 '주민등록법상 만 65세 이상의 사람'으로 명시할 필요성이 있다.

노인에 대한 기준연령을 명확히 규정하지 않음으로써 고령자고용촉진법에서는 55세 이상을 고령자로 규정하고 있고, 보건복지부에서도 사회복지법인 설립허가시 '60세 이상 노인', '65세 이상 노인'으로 법인정관에 명시된 대로 승인을 해주고 있는 실정이다.

둘째, 가족제도의 유지·발전(제3조)의 경우 "국가와 국민은 경로효친의 미풍양속에 따른 건전한 가족제도가 유지·발전되도록 노력하여야 한다"는 규정에서 사회나 정부의 책임을 강력히 표현해야 한다.

우리 나라의 전통적인 경로효친사상 자체에 대해서 문제를 제기하는 것이 아니다. 다만 이를 광의의 개념으로 해석하면 노인문제의 해결과 노인부양에 대한 책임을 가정과 사회가 공동으로 대처해 나간다는 뜻으로 받아들일 수 있다. 이것이 노인문제 해결에 대한 사회와 정부의 의지를 약화시키는 규정이 되어서는 안될 것이다.

진정한 문제해결을 위해서는 선언적 규정보다 가정복지실태조사와 정기적인 가정복지기본계획 수립, 재가복지센타 확충과 전담인력 양성 등 보다 적극적으로 국가적·사회적 책임을 명시하는 것이 바람직하다고 생각한다.

셋째, 보건복지증진의 책임(제4조)과 관련하여 노인의 보건 및 복지증진의 책임이 국가와 지방자치단체와 함께 '노인의 일상생활에 관련되는 사업을 경영하는 자'로 명시되어 있어 실현성의 문제가 제기되고 있고, 구체적으로 어떠한 책임인지에 대한 내용의 언급이 없다. 관련 국가나 지방자치단체에서 수행하는 모든 복지프로그램에 대한 책임과 그 소재가 명확히 정해져야 할 것이다.

미국의 노인복지법의 경우 노인들에게 제공되는 프로그램 및 그에 소요되는 재정지원과 관련하여 연방정부, 주정부, 지방정부의 역할과 책임영역이 구체적으로 명시돼 있다는 점을 상기해야 할 것이다.

예컨대 최고기관인 연방노인청은 주정부에 재정을 지원하고 국가차원의 정책과 기획을 담당하며, 주정부 노인국은 주단위의 정책과 기획을 담당하고 하부기관인 지역노인과에 예산을 분배하며, 지역노인과는 직접 노인들에게 서비스를 제공하는 체계적인 '노인복지서비스 연계망'을 구축하고 있다.

넷째, 현행 경로연금제도가 노인들의 실질적인 생계보장 장치로서의 기능을 올바르게 수행할 수 있도록 노인복지법 제9조(경로연금 지급대상), 제10조(연금지급액), 제11조(연금의 지급) 규정사항을 보완하여 국민연금법, 공무원연금법, 군인연금법, 사립학교교원연금법에 의한 연금수급 대상자를 제외한 모든 저소득 노인들에게 최소한의 기초생계가 보장될 수 있도록 강화해야 한다는 주장이 제기돼 왔다.

참고로 65세 이상 노인의 공적연금 수급현황을 살펴보면 국민연금, 공무원연금, 사학연금, 군인연금 등의 수급자가 28만721명인데, 이는 2000년 12월말 현재 339만명의 전체 노인인구 가운데 8.37%만이 공적연금의 혜택을 받고 있는 것에 불과하다.

그러므로 절대빈곤선 이하의 계층은 국민기초생활보장법 상의 보장을 받도록 하고, 차상위 계층의 노인에 대해서는 경로연금의 수급대상을 확대하고 지급액을 현실화해야 한다는 주장은 설득력이 있다. 노인관련 단체에서는 전체노인인구 339만 명 중 71만 5천명에게 월 3만원~5만원씩 지급되는 현재의 경로연금을 수 년 이내에 전체노인의 50%선인 160만 명에게 월 평균 10만원씩 지급할 수 있도록 상향조정해야 한다고 주장하고 있다.

다섯째, 노인사회참여 지원(제23조)과 관련하여 "국가 또는 지방자치단체는 노인의 사회참여 확대를 위하여 노인의 지역봉사활동기회를 넓히고 노인에게 적합한 직종의 개발과 보급을 위한 시책을 강구하며 근로능력이 있는 노인에게 일할 기회를 우선적으로 제공하도록 노력하여야 한다"라고 권장사항으로 규정하고 있다.

이에 추가하여 '국가 및 지방자치단체가 관리하고 있는 공공단체는 정원의 5% 범위 내에서 노인 일자리를 확보하여 제공하여야 한다'는 조항을 신설하고, 일반기업도 노인의 일자리 제공에 적극 협조할 수 있도록 개선할 필요성이 있다.

여섯째, 경로우대(제26조)와 관련 "모든 의료기관은 65세 이상 노인의 본인부담 진료비를 사회보장기본법 제2조에 따라 감면해야 한다. 감면액은 대통령령으로 정한다"라는 조항을 신설하여 사회보장기본법에서 사회적 위험대상으로 분류한 질병·장애·노령·실업·사망 등의 사회보장책임 이행이 달성될 수 있도록 규정하는 방안을 검토해야 할 것이다.

진료비부담의 어려움 때문에 고통을 받는 65세 이상 노인들을 위하여 의료기관을 손쉽게 그리고 저렴하게 이용할 수 있도록 의원급 외래정액 진료비를 50%이상 경감하는 조치를 취해줄 것을 노인관련 단체들은 건의하고 있다. 또한 틀니와 보청기 등 신체장애 노인용 장신구를 구입하는 노인들에게 국가가 저소득층에는 전액, 기타는 구매액의 50%를 보조하는 방안도 검토해야 한다는 주장도 설득력이 있다.

일곱째, 제31조는 노인복지시설의 종류로 노인주거복지시설, 노인의료복지시설, 노인여가복지시설, 재가노인복지시설 등을 나열하고 있다. 이는 노인복지를 사업별로 구분하기보다도 예산지원의 편의성을 앞세운 시설 중심의 복지로 제한하고 있다는 지적을 받고 있다.

따라서 이를 시설중심이 아닌 사업중심으로 개정하고, 그 대상도 복지수요의 다양성을 반영하여 노인주거복지, 노인의료복지, 노인여가복지, 재가노인복지, 노인문화복지, 노인고용복지 등으로 다양화하여 분야별 복지대책을 마련할 필요성이 있다는 주장이다.

여덟째, 노인의료복지시설(제34조)과 관련 노인의료복지시설의
종류로 노인요양시설, 실비노인요양시설, 유료노인요양시설, 노인
전문요양시설, 유료노인전문요양시설, 노인전문병원 등으로 열거하
고 있는데, 여기에 '노인전문의원'과 '노인종합병원'을 새로 추가하
여 1차 진료기관, 2차 진료기관, 3차 진료기관으로 연계되는 진료
체계의 구성이 필요하다는 주장이다.

그러나 앞서 밝혔듯이 노인보건의료분야에 대해서는 현행 노인
복지법에서 분리하여 '노인보건법'을 별도로 제정하여 장기요양보
호에 필요한 요양시설 등 인프라를 확충하고, 노인진료수가를 개
발하여 의료의 적정성을 기하는 한편, 급증하는 노인의료비에 대
한 사회적 분담방안 등을 명시하는 것이 바람직하다는 생각이다.

아홉째, '고령사회보장기금' 설치의 필요성이다. 고령사회에 대
비하여 안정적인 노인복지 재원조달방안의 하나로 '사회보장세'를
신설하거나 '고령사회보장기금'을 설치하여 노인복지법에서 추구하
는 정책목표를 효과적으로 달성하도록 해야 한다는 주장이다. 이
를 위해 노인복지법에 '고령사회보장기금'의 조성과 배분에 관한
규정을 신설해야 한다는 것이다.

열째, 미국 등 선진국의 노인복지법에는 노인들의 존엄성을 보
장하고 노인의 권익을 옹호하기 위한 방법으로 노인학대, 옴부즈
맨제도, 노인권익 옹호와 관련된 규정이 명시되어 있어 그에 소요
되는 프로그램과 연구활동에 재정을 지원하고 있다. 그러나 우리
나라의 노인복지법에는 그러한 규정이 없다. 우리도 그러한 규정
을 신설하는 방안을 검토해야 할 것이다.

그 밖에도 현재 노인복지법에 근거규정이 모호한 노인복지관을
재가노인복지시설로 명문화하고 지역사회 재가노인복지사업의 중
심기능을 담당하도록 하는 한편, 보건복지부장관으로 하여금 매 5

년마다 노인복지실태를 조사하도록 의무화하여 고령화의 진전과 현실적인 노인복지수요에 부응한 복지정책을 펼치도록 해야 한다.

재가노인복지시설은 1993년 노인복지법 개정시 도입되어 정신적, 신체적인 이유로 혼자서 일상생활을 수행하기에 불편이 있는 노인가정에 대하여 필요한 각종 서비스를 제공하는 것에 목적이 있다. 2000년 12월 현재 전국에 총 252개의 재가노인복지시설이 운영되고 있다.

최초의 재가노인복지시설은 노인복지회관과 병설로 운영되었다. 현재 전국에 133개의 노인복지회관(노인종합복지관 포함)이 설치 운영되고 있는데, 노인복지회관은 1981년 노인복지법 제정당시 도입된 노인복지시설로서 1997년 법개정 당시 노인복지시설 중 노인여가복지시설로 분류되어 오고 있다.

그러나 노인복지회관도 재가노인복지사업을 병설로 운영하는 곳이 적지 않고, 또한 지역사회에서 재가노인복지사업을 주도적으로 시행하고 있는 노인종합복지관도 특별한 규정 없이 노인복지회관의 규정을 준용하고 있어 기능자체가 재가노인복지사업과 중복되고 있는 실정이다.

따라서 노인복지회관에 재가노인복지서비스 기능을 추가하여 그 명칭을 노인복지관으로 바꾸고, 분류체계를 현재의 노인여가복지시설에서 재가노인복지시설로 재분류하여 노인복지관으로 하여금 21세기 재가노인복지서비스의 중심센터 역할을 담당하도록 하고, 설비와 인력을 재가노인복지서비스에 활용하도록 함으로써 재가노인복지사업을 활성화할 수 있도록 해야 한다.

복지선진국들의 경우 요양시설 등에서 생활하는 노인은 전체노인의 5.0%에서 10.0%를 차지하고 있으며, 대부분의 나머지 노인은 재가복지서비스를 제공받고 있다.

따라서 재가노인복지서비스는 노인복지정책 중 가장 높은 비중을 차지한다고 할 수 있다. 노인복지관으로 하여금 지역사회 재가노인복지서비스의 중심센터 역할을 수행하도록 한다면 재가노인복지서비스의 질적 수준을 높일 수 있게 될 것으로 기대한다.

노인복지 사업은 중앙정부만이 해야 할 일이 아니다. 특히 광역·기초자치단체가 적극적으로 나서지 않으면 안된다. 이들 자치단체의 주요 의무로 지역특성과 수요에 부응한 노인복지정책 개발과 노인복지사업을 확대해 나가야 한다.

노인 파워시대가 오고 있다

 20세기가 '젊은이의 시대'였다면 새로운 밀레니엄은 '실버시대'가 될 것이다. 노인인구가 증가하고 이들이 소비와 문화에 중추세력으로 등장하게 될 것이다.

유엔의 인구 통계에 따르면 세계인구에서 60세 이상 노년층이 차지하는 비율은 지난해 9.9%에서 2050년에는 22.1%로 늘어날 전망이다. 유럽과 일본 등 평균수명이 긴 선진국들은 19.3%에서 32.5%까지 증가할 것으로 예측하고 있다.

특히 우리 나라의 고령화 속도는 매우 빨라서, 65세 이상 노인인구가 1990년 5.1%에서 2000년에는 7.2%(339만명)로 고령화사회로 진입했고 2019년에는 14%를 넘어 '고령사회'가 될 것이며, 2026년에는 20%를 넘어서 '초고령사회'로 진입할 것으로 전망되고 있다.

이와 같이 노년층인구가 급증하게 되면 사회문화소비의 막강한 중심계층이 될 수밖에 없고 정치적인 비중역시 커질 수밖에 없다.

더구나 미래의 실버세대는 사회보장비용을 부담하지 않고 혜택만 받는 두터운 인구계층이기 때문에 큰 구매력을 갖는다. 게다가 젊은이들과 달리 노인층은 자신의 판단과 습관을 쉽게 바꾸지 못한다. 기업입장에서 볼 때 광고효과는 매우 크다.

MIT대 서로우 교수는 그의 저서 『자본주의의 미래』에서 노년층을 대상으로 하는 광고산업이 앞으로 크게 성장할 것이라고 하였다. 선진국에서는 이미 노인전용 전자오락실에서부터 주택, 생활도구, 화장품에 이르기까지 각종 실버 상품이 인기를 끌고 있다. 일본 경제기획청은 65세 이상이 일본 총인구의 25%에 이를 2020년경에는 실버산업 규모가 지금의 두 배로 늘어날 것이라고 예상했다.

또 미래에는 의학의 발달로 노년층도 젊은이 못지 않게 활동하게 된다. 영국의 민간 싱크탱크인 미래재단은 최근 보고서에서 2060년에는 은퇴연령이 80세로 되고 60세는 새 직장을 얻기 위해 재교육을 받는 시기가 될 것이라고 했다.

한국직업능력개발원이 전국 4년제 대학에 설치된 365개 학과를 대상으로 '21세기 유망학과'를 선정한 것을 보면 노인인구의 급증과 노인 대상 산업·교육·복지 등의 중요성으로 앞으로 '노인복지학과'가 크게 인기를 끌 것으로 보았다. 그만큼 노인관련 분야는 우리 나라에서도 그 중요성이 부각되고 있다.

노인파워의 양상과 생성을 기준으로 할 때 1920년대 또는 1930년대 서구의 노인 운동은 정책구현을 위한 압력단체의 성격을 띠고 있었다. 제2차대전 이전의 노인 운동은 주로 그들의 생계 보장을 목표로 하는 것이었는데, 1960년대 이후에는 성취 목표가 다양한 경향을 띠게 되었다. 또한 단체 구성원의 성격도 노인이 중심이 된 조직에서부터 노인문제와 관련 있는 직업이나 활동에 종사하는 여러 세대에 걸쳐서 구성되는 조직에 이르기까지 각양각색이다.

우리 나라에 있어서 노인 파워가 아직 뚜렷하지 않은 것은 노인 복지 정책이나 제도가 거의 관 주도에 의해 이루어져 왔기 때문이다.

선진국들처럼 격렬한 노동운동이나 정치세력간의 합의 혹은 노인이나 대중들의 강력한 상습적 욕구에 의한 것이 아니었기 때문에 우리 나라 노인 파워는 미약할 수밖에 없었다. 아마 시민단체나 사회단체가 주동이 되어 노인복지 문제를 해결해 왔다면 상황은 다를 것이다.

그런데 이제 서서히 변화가 나타나고 있다. 노인들의 의식 수준이 높아지고 노인단체들이 활동하면서 노인세력은 국가정책에 입김을 불어넣고 있다.

예컨대 1992년 10월 대한노인회 중앙회 및 전국의 시·도 연합회, 대한삼락회, 한국노년학회, 한국 노인복지시설협회, 대한민국 재향경우회, 예수교장로회소속 노인대학연합회, 카톨릭노인대학연합회, 한국 경로복지회 등 국내 15개 노인단체 지도자 4백 여명이 '전국노인단체 지도자 모임'을 열었다. 이 자리에서 이들은 전국노인단체협의회를 결성하고 노인의 권익향상과 복지증진을 위한 정책개발 등의 구체적이고도 실질적인 노인복지 대안을 가진 정당 후보에게 3백만 노인들의 표를 몰아주는 등 정치력을 행사하기로 했다.

지난 제16대 총선에서는 170만 회원을 거느린 국내 최대 노인단체인 대한노인회가 『노인복지관련 대 정부 정책건의서』를 발표하고 이를 받아들이는 정당을 지지할 것을 선언하기도 했다.

일곱 개 항으로 된 건의서에는 그 동안의 노인복지 숙원사업들이 망라돼 있다. 주요 내용은 고령자고용촉진법을 개정해 기업들에게 65세 이상 노인을 3%이상 의무적으로 고용토록 할 것, 매달

3만~5만원씩 지급되고 있는 경로연금을 월 8만원으로 늘릴 것, 금융소득이자로 생계를 유지하고 있는 노인의 이자소득세를 면세할 것, 저소득 독거 노인을 위한 전용임대 아파트를 시·군·구에 1개씩 설치 운영할 것, 노인에 대한 의원 진료비를 대폭 낮추어 노인들이 의료기관을 쉽게 이용토록 할 것 등이다.

한편 노인권익을 찾기 위한 구체적인 행동단체인 '노년유권자연맹'은 전국적인 조직을 가지고 정치권에 노인복지정책의 실현을 요구하며 압력을 가하고 있다.

당장 2002년에 실시될 4대 지방선거와 대통령선거에서 노인복지 시책에 대한 약속 이행과 새로운 정책을 요구하고 나섰다. 우선 1997년 대선 공약에서 노인복지 시책을 약속했지만 제대로 이뤄지지 않았음을 지적하고 지방선거에서 구체적인 압력 방법을 강구하기로 했다. 이들은 정부가 약속했던 경로연금 증액과 치매환자 치료비 국고 부담, 노인 취업보장, 노인 전문병원 건립, 대통령 직속의 노인복지위원회 설치, 노인복지예산 2조원 확보 등을 주장하며 여당과 야당의 공약 실천을 위한 분명한 입장을 요구하고 있다.

이 단체는 노인들의 정치 세력화를 꾀하고 있으며 이미 전국에 25개 지부를 설립했다. 회원수도 60세 이상이 50만 명이나 된다. 이들은 "1,000만 표를 얻으면 대통령에 당선될 수 있는 상황에서 노인 유권자 500여만 명은 엄청난 위력을 발휘할 수 있다"고 큰 목소리를 내고 있다. 심지어 아예 '한국 노권당'(가칭)을 창당하는 방안까지도 적극 검토한다고 하니 그렇게 되면 가히 위협적이 아닐 수 없다.

그도 그럴 것이 통계청의 조사에 따르면 유권자로 볼 수 있는 20세 이상 인구는 3,379만 명, 60세 이상 노인은 541만 명으로 16%를 차지하고 있기 때문이다. 더구나 젊은 층은 투표를 기피하는 경향이 있지만 노인들은 투표율이 훨씬 높다. 고령화가 급속하게 진행되면서 2030년대에는 60세 이상 노인 유권자 비율이 33.8%로 껑충 뛰어 오를 전망이니 정치권에서 가히 긴장하지 않을 수 없다.

앞으로는 이와 같이 막강한 세력으로 떠오르고 있는 노인계층을 의식하지 않고서는 사회 모든 분야에서 문제에 부딪칠 수 밖에 없다.

특히 정치에 있어서 노인 파워는 강력한 세력으로 등장하게 될 것이다. 이미 유럽 여러 나라에서는 노인 정치세력이 등장하여 노인 파워를 과시하고 있고 작년엔 이스라엘에서 노인당이 출현하여 화제를 모은 일도 있었다.

대체로 노인 복지가 잘되어 있는 선진국들의 경우 노인집단의 권익보호운동이 활발하다.

미국에서는 다양한 노인단체들이 자유롭게 자신들의 이익을 위해 국가나 지방단체에 압력을 가하는 일이 빈번한데, 주로 범국민적 노인권익운동단체인 '은빛운동'(Gray Movement), '노인승리'(Gray Champion) 등의 운동이 전개되고 있다.

또 인디언 노령자를 위한 국가위원회(NICOA), 히스패닉 노령자를 위한 국가위원회(NHCOA), 노령여성조직(OWL), 사회보장 및 의료 증진을 위한 국가 위원회(NCPSSM)등 인종을 망라한 다양한 조직이 자신들의 이익을 위한 압력단체로서 활동하고 있다.

미국에서 이와 같이 노인 운동이 활발한 것은, 노인계층이 일반 시민보다 높은 투표율을 보이고 있고 노인들 스스로가 시민으로서의 자존의식을 가지고 정부의 보건의료정책, 복지 정책 등에 관하여 연구하고 행동을 취하여 왔기 때문에 가능한 일이다. 그 결과 노인들은 정치적으로도 상당한 영향력을 갖게 되면서 사회보장·노인복지법·보건 의료제도 등에 자신들의 입김을 넣는데 성공했다.

대체로 영국과 스웨덴은 1920년대, 미국은 1930년대, 일본은 1950년대 초에 노인 파워로서의 노인 단체가 그 기능을 발휘하기 시작했다.

특히 영국에서는 노인들에 대한 연금제도의 개혁, 스웨덴에서의 취로와 생계의 권리, 그리고 미국의 노인권익보호를 위한 1930년대의 타운센트 운동은 초기의 대표적인 것으로써 그 성과도 컸었다.

1950년대 일본에서의 노인운동은 전국 노인클럽연합회가 주축이 되어서 전개했는데 이들의 막강한 영향력으로 1963년 노인복지법이 제정되기도 하였다. 지금은 노인유권자연맹 같은 정치 단체도 구성되어 활동하고 있다. 이들 단체들은 노인의 날을 기념일로 정하는 일, 노인복지법에 경로연금 조항을 신설·개정하도록 압력을 가하고, 현재 실시되고 있는 무각출 노령 연금제도를 얻어내기도 했다.

우리 나라의 경우도 대한노인회나 노년유권자연맹, '밝은노후모임' 등의 단체뿐만 아니라 한국노년학회, 한국노인복지학회, 한국노인문제연구소, 그리고 각 대학이나 연구단체에 설치된 노인관련 연구기관에서 각종 세미나, 연구논문 발표, 대정부건의안 채택 등을 통해 이론적인 뒷받침과 아울러 압력단체로서 역할을 하고 있다. 특히 이들은 선거 때에 요구조건을 들고 나와 지지 여부를 밝히고 압력을 가하고 있다.

미국에서의 투표 활동에 대한 조사에서 밝혀진 바에 의하면, 65세 이하의 연령층은 연령과 관계되는 이해보다는 다른 정치적 배려가 우선되는데 비하여, 65세 이상의 노인은 투표 행위에 있어서 나이와 관계 있는 배려가 정치적 견해를 지배한다고 한다.

이러한 연령계층 의식은 노년세대에서는 당연히 나타날 수 있고 특히 조직화될 경우 무서운 힘으로 작용할 수 있다. 그러나 한편으로 이들 노인세대를 잘 활용하면 긍정적인 세력으로 이끌 수 있다.

노인은 대체로 매사에 보수적이다. 이러한 노인의 일반적인 성향은 일상 생활에서 뿐만이 아니라 정치적 태도에서도 나타난다.

미국의 고령 계층은 정치적 태도에 있어서 대체로 보수 정당인 공화당을 지지하는 비율이 높다는 것이 몇몇 조사에 의해서 이미 증명되었다. 영국에서도 고령 계층은 보수당에 대한 지지율이 높고, 스웨덴·이탈리아 등에서도 노년계층은 이와 동일한 정치적 성향을 나타내고 있다.

인간이 고령화하면 정치적으로 보수성향을 지니게 되는 요인으로 다음의 두 가지를 지적할 수 있다.

첫째는, 인간은 연령이 높아지면 사회적 지위도 높아지고 이에 따르는 특권도 누리게 된다. 그러므로 그들은 이미 획득한 기득권과 결부된 현상 유지를 위해서 보수정당을 지지하게 된다.

둘째는, 생물학적 노화는 상황변화에 대한 적응력을 약하게 한다. 따라서 고령 계층은 상황 변화와 정치 변화를 바라지 않고 있고, 또한 이것은 그들의 정치적 보수성향의 요인이 된다.

그렇기 때문에 노년층이 두터운 국가의 정치 지도자들은 항상 선거 공약으로 노인권익 신장을 위한 정책 구현을 약속하게 되고, 이것이 오늘날 서구사회를 완벽에 가까운 민주복지국가로 급성장시킨 요인이 되기도 한다.

우리 나라에서도 노인들의 소리가 높아지는 것에 대해 귀를 기울여야 할 때가 되었다. 노인인구가 증가하고 또 노인들은 높은 투표 참여율을 보이고 있다.

통계청의 통계를 보면 우리 나라 전체 유권자 중에서 '노인이라는 인식을 같이할 수 있는' 60세 이상 노인의 비율은 16%를 점하고 있고, 또 노인관련 단체에서는 역대선거에서 총 투표자중 60대 이상 노인의 비율을 40%대로 추정하고 있듯이 노인들의 정치적 영향력은 매우 크다고 할 수 있다. 노인들은 노인복지정책을 잘해 주겠다는 후보에게 표를 몰아 줄 것이다.

앞으로 노인 권익 옹호운동이 활발하게 전개되면서 이러한 양상은 매우 조직적으로 나타나게 될 것이다. 만일 고령자들이 그들의 권익옹호를 위하여 정당을 조직한다든가 또는 특정 정당을 지지하는 등의 정치활동을 한다면 그것은 국가의 정책 결정과정에서 무시 못할 영향력을 발휘할 수 있게 될 것이다.

노인 권익과 관련하여 우선 생각해 볼 수 있는 것은 노인 소득 보장을 위한 획기적인 대안이다. 기존의 생활보호 대상자의 폭을 넓혀 노인 빈곤층을 줄이는 방안, 경로 연금 상향조정, 노인취업, 그리고 노인 생활 환경 개선을 위한 주택, 교통, 여가, 교육 등의 문제이다.

노인 파워가 효력을 가지려면 강력한 조직이 필요하다. 현재 여러 개의 단체가 있으나 이들 단체들이 힘을 모아 한 목소리를 낼 수 있어야 한다. 또 제도나 법의 제정을 위해 노인단체가 시민운동 단체와 연대하여야 더욱 효과적이다.

중요한 것은 노인권익운동이 노인이라는 특정 계층만을 위한 것이 아니라 우리모두의 문제를 해결하기 위함이라는 인식을 갖고 국민모두가 공감하고 참여하는 운동으로 전개되어야 한다는 것이다. 노인문제는 노인집단만의 것이어서는 안되고 우리모두의 사회 문제로 받아들여져야 한다.

어쨌든 우리 나라에서도 노인파워시대가 오고 있다. 그것은 곧 시대의 변화를 의미하며 국가정책의 변화를 요구하는 함성이기도 하다.

생각하는 노년이 아름답다

초판 1쇄 인쇄 | 2002년 5월 10일
초판 1쇄 발행 | 2002년 5월 15일
저 자 | 김성순
발행인 | 이완재
발행처 | 도서출판 동인

주 소 | 서울시 서대문구 북아현3동 192-2
전 화 | (02) 365-6368, 393-9814
팩 스 | (02) 365-6369
등록번호| 제10-749호(1992. 11. 11)
E-Mail | dongin@donginpub.co.kr
홈페이지 | www.donginpub.co.kr
ISBN | 89-8482-045-8, 03330

정가 8,000원